서비스에 미쳐라

서비스에 미쳐라

© 김지노, 2008

초판 1쇄 찍음 2008년 1월 7일 • 초판 5쇄 펴냄 2010년 8월 2일 • 지은이 김지노 • 펴낸이 이태준 • 편집 홍석봉, 김수현 • 디자인 최진영, 이은혜 • 마케팅 최현수 • 관리 김수연 • 펴낸곳 문화유람 • 출판등록 제 17-332호 2002년 10월 18일 • 주소 서울시 강동구 성내1동 533-1 영우빌딩 301호 • 전화 02-486-0385 • 팩스 02-474-1413 • 우편 (134-600) 서울시 강동구 강동우체국 사서함 164호 • www.inmul.co.kr • cntbooks@gamail.com • ISBN 978-89-91945-12-8 03320 • 값 12,000원 • 북카라빈은 도서출판 문화유람의 새 브랜드입니다. • 이 저작물의 내용을 쓰고자 할 때는 저작자와 도서출판 문화유람의 허락을 받아야 합니다. 파손된 책은 바꾸어 드립니다.

서비스에 미쳐라

|김지노 지음|

북카라반
CARAVAN

서비스 마인드가
인생을 바꾼다

유태인들은 자녀에게 장사를 가르치라고
했다. 왜 장사를 가르치라고 했을까? 20년의 경험 끝에 나는 '돈
때문에 한 말은 아니다' 는 결론을 얻었다. 부모님이 자영업을 하
신 까닭에 십대부터 나는 자연스럽게 장사를 했다. 1987년부터 서
비스업에 종사했으니까 서비스맨으로 살아온 지 어느덧 20년이
다. 그동안 참 다양한 서비스 경험을 했다. 유리창 청소 서비스도
해보았고 매장에서 물건도 팔아보았으며, 현재는 대학교에서 학
생들에게 강의를 하고 있다. 교육 서비스를 하고 있는 것이다.

장사를 해보면 다른 사람의 돈을 합법적으로 내 것으로 만드는
일이 얼마나 어려운지 알게 된다. 자존심을 버려야 한다는 것과

하루 이틀 장사하고 말 것이 아니기 때문에 어떠한 원칙을 고수해야 한다는 것도 알게 된다.

장사에서 인생을
배운다

'장사꾼 똥은 개도 먹지 않는다' 는 말이 있다. 장사를 하다 보면 속이 상하는 경우가 많기 때문에 쓴 똥을 누게 된다는 것이다. 왜 속이 상하게 되는가? 장사를 하려면 사람들을 상대해야 하기 때문이다. '사람 상대하는 일이 어렵다' 는 말이 있다. 그 어려운 일을 하면서 스트레스를 받는 것이다.

하지만 사람이 하는 일 중에 서비스 아닌 일이 있는가? 기본적으로 세상의 모든 일은 서비스업이다. 연구원인 후배가 있다. 물론 그는 나처럼 술 취한 사람, 정신병자 같은 사람 등 다양한 인간 군상을 상대할 필요가 없다. 그냥 동료 연구원들을 상대하면 된다. 하지만 그가 연구를 통해 새로운 어떤 것을 발견했다고 해보자. 그 발견으로 인해 혜택을 누리는 사람들에게 서비스를 한 것이 되지 않겠는가? 한 서비스 전문가는 이렇게 말했다.

 서비스에 미쳐라

　"'제품' 비즈니스나 '서비스' 비즈니스를 구분하는 것은 이제 더 이상 의미가 없다. 컴퓨터를 조립하거나 박음질을 하거나 초콜릿 바 모양을 만드는 행동은 이러한 제품을 고객에게 판매하거나 그 사용 방법을 고객에게 알려주는 것만큼이나 다른 사람을 위한 서비스이다. 우리는 가능한 한 광범위한 서비스의 의미에 익숙해져야 한다."[1]

　모든 사람이 서비스를 하지만 진짜 확실한 서비스는 장사를 하는 사람들이 한다. 장사는 서비스다. 삼성 그룹은 지혜로운 유태인들이 그랬듯이 신입사원들을 교육시킬 때 삼성 제품을 팔게 하지 않는가? 바로 장사를 통해 서비스 정신을 배우게 하기 위해서다. 어떤 일을 하더라도 서비스 마인드가 있으면 탁월한 성과를 거둘 수 있기 때문이다.

　유태인들이 자녀에게 장사를 가르치라고 한 것 역시 단순히 돈을 잘 벌게 하기 위함이 아니다. 장사를 통해 '서비스'를 배우게 하기 위함이다.

　나는 장사를 해봤기 때문에 학생들에게 강의를 할 때도 서비스 마인드를 가지고 한다. 권위 의식은 아예 없다. 주입식 강의를 결코 하지 않는다. 학생들의 기분을 상하게 할 수 있는 말 결코 하지 않는다. 왜냐하면 학생들은 나의 고객이기 때문이다. 간혹 졸고 있는 학생을 발견할 때면 이렇게 말하곤 한다.

"강의를 더 재미있게 해서 안 졸게 해야 하는데 미안해요" 혹은 "침대를 가져다 놔야 될 것 같아. 졸릴 때 좀 자게 말이야"라고 말한다. 그러면 학생들도 웃으면서 미안한 듯 일어난다. 학생들이 해놓은 수업 평가를 보면 대체로 가족 같은 분위기가 좋았다는 평들이 많다.

서비스를 확실히 배우면 다른 사람들로부터 사랑받게 된다. 돈보다 중요한 것은 사랑 아닌가? 스리 침니^{Sri Chimney}라는 사람은 이렇게 말했다.

"서비스하기로 결정하라! 세상이 즉시 당신을 사랑하기 시작할 것이다."[2]

세상 사람들 대부분 부자로 살기를 바랄 것이다. 하지만 결코 친구도 없고 사랑하는 가족도 없는 부자로 살기를 바라지는 않을 것이다. 친구도 많고 사랑하는 가족도 있는 부자로 살고 싶은가? 그렇다면 다른 사람들에게 서비스를 할 줄 아는 사람이 되어야 한다.

이 책은 현장에서 고객에게 서비스하는 방법을 이야기하고 있다. 내가 20년 동안 체험한 내용들을 이야기하면서 그것과 예수가 했던 말들을 연결시키고 있다. 특수를 통해 보편으로 나아가는 방식을 취하고 있다. 어떻게 서비스할 것인지가 아니라 왜 서비스해야 하는지를 이야기하며 더욱 본질적인 문제를 다룬다.

예수나 부처 등 인류가 추앙하는 위대한 지도자들을 보면 모두 서비스정신이 투철하다. 비폭력운동을 주장하며 인도의 독립을 이끌었던 간디를 보라. 그는 진정한 서비스맨이었다. 힌두 세력과 이슬람 세력의 분열을 막기 위해서 감행한 단식만 몇 차례였던가! 간디는 사실상 자신의 목숨을 서비스했다.

그러나 글을 쓰는 사람은 자신이 알고 있는 부분만을 써야 한다. 자신이 모르는 이야기를 하는 것은 사기를 치는 것이다. 나는 예수에 대해서는 조금 안다. 부처나 마호메트, 소크라테스나 공자에 대해서는 그다지 잘 모른다. 부처나 마호메트, 소크라테스나 공자도 분명히 훌륭한 서비스 마인드를 가지고 있었을 것이다.

하지만 내가 잘 모르기 때문에 비교적 잘 아는 예수에 대해서만 이야기했다. 이 책에서 예수는 보조관념이지 원관념이 아니며 비유이자 상징에 다름 아니다.

이 책에서 말하고자 하는 것은 고귀한 성인이라고 일컬어지는 예수도 서비스맨이었다는 사실과 최고의 서비스맨이었기 때문에 고귀한 성인이 될 수 있었다는 사실이다. 부디 예수처럼 서비스하며 살아가길 바란다. 서비스 마인드로 세상을 살다 보면 돈도 많이 벌게 될 뿐 아니라 다른 사람들의 사랑을 한몸에 받게 되며 세상을 구하게 된다.

2008년 1월

김지노(金指勞)

contents

✽ 일러두기
본서에 나오는 서비스맨이라는 용어는 중성적인 용어다. 여자에게도 적용된다.
전후 문맥에 서비스우먼이라는 용어가 나올 때는 남자에게 적용된다.

1부

'서비스한다'는 생각으로
살아야 인생이 풀린다

장사꾼의 행복과 서비스 정신

《죽음의 수용소에서》를 쓴 빅터 E. 프랭클은 의미를 추구하는 삶에 대한 이야기를 했다. 그는 수용소에 감금된 사람들이 아껴두었던 한 개비의 담배를 피워버리고 나면 며칠 만에 죽어버리는 것을 관찰하면서 한 가지 진리를 깨달았다. 의미를 추구하다가 그것을 포기하면 쾌락을 추구하게 되며, 쾌락을 추구하면 곧 죽음을 맞이하게 된다는 진리였다.

'의미'는 삶과 관련될 수 있고 '쾌락'은 죽음과 관련될 수 있다는 이분법적인 명제가 수용소라고 하는 극단적인 환경에서 도출되었던 것이다. 굳이 '수용소'를 염두에 두지 않아도 쾌락만 좇다 보면 삶이 피폐해지리란 것은 자명한 이치 아닌가?

돈을 버는 것은 쾌락을 추구하는 것이라 할 수 있다.

장사를 해본 사람은 알겠지만, 돈 버는 재미는 정말 크다. 금고 속 만 원짜리 넣는 곳에 지폐를 더 이상 넣지 못할 정도로 매출이 오르면 날아갈 듯 기분이 좋다.

엔돌핀 같은 체내 마약 물질의 분비가 왕성해지는 걸까? 나는 그런 경험을 꽤 많이 했다.

하지만 장사로 성공하기 위해서는 돈을 둘째로 여길 수 있어야 한다. 쾌락 추구가 아닌 의미 추구를 할 수 있어야 한다. 매장에서 고객을 기다린다고 해보자.

고객이 많으면 하루가 금방 간다. 일도 재미있고 기분도 좋다. 오랜 시간 일해도 별로 피곤하지 않다.

그러나 좋은 날들보다 안 좋은 날들이 많은 것이 현실이다. 장사를 하다 보면 시쳇말로 '공치는 날'도 있게 마련이다.

나는 일주일 정도 공친 적이 있었다. 고객이 없다고 문을 닫을 수도 없는 노릇 아닌가? '감옥이 따로 없다'는 푸념이 절로 나왔다. 수용소와 비교할 바는 못 되겠지만 답답한 기분을 한껏 느껴야만 했다.

개도 안 먹는
장사꾼의 똥?

서비스업에 종사하는 사람은 항상 고객이 많을 수는 없다는 것을 예상해야 한다. 장사가 잘 되고 있어도, 어느 날 갑자기 경쟁업체가 치고 들어올 수 있다. 어떤 변수가 발생할지 모르는 것이다. 대부분의 사람들은 고객이 없으면 금방 좌절한다. 새로 개업한 소규모 상점들이 얼마 지나지 않아 절반 이상 문을 닫는다. 그 이유는 고객이 없다고 금방 좌절하기 때문이다.

'장사꾼 똥은 개도 안 먹는다' 는 옛말이 있다. 항상 장사가 잘 되어 항상 기분이 좋은 장사꾼의 똥이라면 왜 개가 마다 하겠는가? 장사가 안 될 때가 더 많아 애간장을 많이 졸인 장사꾼의 똥이기에 개가 마다 하는 것이다.

오늘날처럼 기술과 교통이 발전하고 상품이 넘쳐나는 시대에 장사란 곧 서비스라고 해도 과언이 아니다. 장사꾼은 곧 서비스맨이며, 진정한 서비스맨은 고객이 별로 없을 때를 잘 견딘다. 장사꾼이라고 돈만 좇다보면 정신적 건강, 더 나아가 육체적 건강을 잃기 쉽다.

돈을 일차적인 목표로 삼는 서비스맨은 '양아치 서비스맨' 이다. 고객들은 상대방이 쾌락을 추구하는 서비스맨인지, 의미를 추구하는 서비스맨인지 너무도 잘 간파한다.

서비스를 최우선으로 하라, 돈은 그냥 따라온다

예전에 나는 고객들로부터 '비싼 것만 팔려고 하는 게 아니냐' 는 말을 많이 들었다. 서비스의 깊이를 미처 깨닫지 못했던 시절, 마냥 돈 벌이에만 급급해 고객을 대했기 때문이다. 돈을 염두에 두다 보니 나도 모르게 비싼 것, '마진' 이 높은 것만을 팔려고 했던 것이다.

돈은 부차적인 것이다. 선생님이 돈을 벌려고 학생들을 가르치는 것이 아닌 것과 마찬가지다. 제품을 판매할 때는 친절했다가 돈과 직접적으로 연결되지 않는 상황, 즉 애프터서비스를 해야 되거나 고객의 클레임을 해결해야 되는 상황에서 불친절하게 대한다면 고객은 얼마나 큰 배신감을 느낄 것인가?

세계적인 자동차 메이커인 도요타가 미국에 진출했을 때, 판매한 자동차들에 심각한 문제가 생겨 큰 어려움에 봉착한 적이 있었다. 그때 도요타는 애프터서비스에 최선을 다하며 돈이 아니라 의미를 추구했다. 수리기간 중 고객이 사용할 수 있도록 다른 차를 빌려주었는가 하면, 어떤 판매원은 불편을 끼친 데 대한 사과의 뜻으로 장미꽃이나 50달러짜리 지폐를 좌석에 올려놓는 식으로 '상징적인 보상' 을 했다. 이런 노력이 계기가 되어 도요타는 미국 시장에 잘 진입할 수 있었다. 도요타의 의미 추구가 위기를 기회

서비스에 미쳐라

로 바꾸었던 것이다.[1]

　매장을 오픈한 뒤 처음 몇 년간은 친절하던 사장이 시간이 지날수록 거만해지는 경우가 많은데, 이는 돈을 목적으로 서비스를 하기 때문이다. 돈을 많이 벌었기에 서비스를 그 전처럼 하지 않는 것이다. 의미를 추구하는 서비스맨은 고객으로부터 '배가 불렀구나!' 라는 비아냥을 언제까지나 듣지 않는다. 돈과 상관없이 서비스를 하기 때문이다.

Key Point

진짜 장사꾼은 물건이 아니라 서비스를 팔며 돈을 버는 쾌락이 아니라 의미를 추구한다. 이런 사람은 장사꾼이라기보다 '서비스맨'이다. 진정한 서비스 정신은 고객을 감동시킨다.

02

가장 **위대한** 서비스맨,
예수를 본받아라

돈 버는 재미 말고 서비스맨이 적극적으로 추구해야 할 의미란 무엇일까? 서비스^{service}라는 단어는 종, 하인, 머슴을 뜻하는 서번트^{servant}라는 단어와 관련된다. '서비스 한다' 는 말은 '종노릇 한다' 는 말인 것이다.

예수는 제자들에게 '가장 크고자 하는 자는 가장 작은 자가 되어야 한다' 고 말하며, 서로 종노릇을 하라고 가르쳤다. 그리고 말단 종이 하는 일을 직접 행하여 그 가르침을 실천해보였다.

팔레스타인 지방에는 옛날에도 먼지가 많았다. 그리고 무척 더운 곳이었기 때문에 사람들은 샌들을 신고 다녔다. 그래서 집에 들어가면 더러워진 발을 씻어야 했는데, 손님들의 발을 씻겨주는 일은 그 집의 말단 종이 하는 일이었다.

한 번은 예수와 제자들이 누군가의 집에 들어갔는데 그 집에 예수와 제자들의 발을 씻겨줄 종이 없었다. 제자들 중 누군가가 그 일을 해야 했지만 스스로를 낮추려는 제자가 아무도 없었다. 결국 예수가 제자들의 발을 씻겨주었다. '누가 더 큰 사람인가?' '누가 예수의 수제자인가?' 를 두고 싸우는 제자들에게 예수가 직접 종노릇했던 것이다.

작은 서비스가 세상을 변화시킨다

말단 종이 된 그 순간의 예수를 궁극의 서비스맨이라고 할 수 있다. 흔히 예수를 '구세주' 라고 한다. 그렇다면 진정한 서비스맨은 세상을 구원할 수도 있는가?

사람들은 누군가 자신을 공격했다고 생각하면, 그대로 되갚아주고 싶어 한다. 하지만 이런 생각은 악순환을 만들어낸다. 상대방에 대한 분노와 증오가 점점 늘어가고 해결할 길 없는 싸움만 커져갈 뿐이다. 사람에 따라서는 자신의 화를 걷잡을 수 없어 자기보다 더 약한 사람을 화풀이 대상으로 삼기도 한다.

이런 악순환을 끊기 위해서는 자기가 당한만큼 복수하겠다는 생각을 버리는 누군가가 반드시 필요하다. 뭐든지 흡수해버리는 블랙홀처럼 누군가는 타인의 공격을 그냥 흡수해야 한다. 불교식으로 말해보자. 타인의 공격을 흡수하는 것은 곧 그 타인의 '업'을 받아들이는 것이다.

'업'이 무엇인지에 대한 정의를 내리는 일은 아주 어렵다. 소박하게, 그리고 간접적으로 업에 다가가 보자. 보통 업이 많은 사람은 다른 사람들을 잘 공격한다. 의도적으로 공격할 수도 있고 부지불식간에 공격할 수도 있다. 예컨대 음식을 먹을 때 쩝쩝 소리를 내고 먹는 사람이 있다고 해보자. 그가 음식을 먹을 때 요란한 소리를 내는 것은 아마도 부모나 가족들의 영향 때문일 것이다. 그는 자기도 의식하지 못하는 사이에 함께 식사 중인 다른 사람을 '소리'로서 공격한다. 바로 그 사람의 업이 타인을 공격하는 것이다.

의도적인 공격의 경우에도 마찬가지다. 몇 년 전 세상을 떠들썩하게 만들었던 유영철 연쇄 살인 사건을 생각해보자. 그는 이혼을 한 다음 여자들에 대한 증오심을 갖게 됐고, 여자들을 연쇄 살인했다. 이혼을 한 남자들은 아주 많다. 유영철보다 더 불우한 어린 시절을 보낸 남자들도 아주 많다. 이혼이나 불우한 어린 시절과 같은 몇몇 이유 때문에 유영철이 연쇄 살인범이 된 것은 아니다.

수없이 많은 요소들의 영향으로 유영철은 연쇄 살인범이 되었다. 부모, 가족 등과 같은 아주 큰 요소로부터 어떤 사람에게 들은

 서비스에 미쳐라

말, 어떤 영화에서 봤던 장면 등과 같은 아주 작은 요소에 이르기까지 수많은 요소들의 영향을 받은 것이다. 언제 어떤 요소로부터 영향을 받았는지 알기는 불가능에 가까운 일이다. 부지불식간에 형성된 유영철의 업! 바로 그 업이 많은 여자들을 공격했다고 봐야 한다. 만약, 유영철 옆에 유영철의 그런 업을 잘 받아주고 풀어주는 여자가 있었다면 어땠을까?

진화하는
서비스의 개념

　　　　이런 점에서 나는 한 사람의 업을 풀어주는 진정한 '서비스'는 이 세상을 구한다고 생각하며, 서비스업에 종사하는 사람이 추구해야 할 가장 고귀한 의미도 여기에 있다고 생각한다. 진정한 서비스맨은 '세상을 구한다'는 자부심을 감히 가질 수 있다.

굳은 신념은 목표를 분명하게 해주며 어려움을 헤쳐 나갈 수 있는 용기와 의지를 북돋아준다. 매장에서 물건을 팔 때 나는 '지금 세상을 구하고 있다'는 생각을 한다. 내가 권한 좋은 물건으로 인해, 혹은 나의 훌륭한 서비스로 인해 고객의 기분이 좋아진다면, 그리고 긍정적인 생각을 하게 된다면, 그래서 주위 사람들에게 상처주는 말을 하지 않는다면, 그것이 곧 세상을 구하는 일에 다름 아니라고 확신한다.

작은 서비스 때문에 일가족 4명이 자살을 포기하게 된 일도 있다.[2] 경제 상황 악화와 거래처의 부도로 빚에 시달리던 한 가장이 가족과 함께 자살하기로 결정한 뒤 디즈니랜드를 찾았다고 한다. 어떤 방식으로 죽을까 고민하던 중에 마지막으로 디즈니랜드에 가고 싶다는 아이들의 소망이나 들어줘야겠다는 생각에서였다. 하지만 그 가족은 디즈니랜드에서 새로운 삶의 의지를 얻었고 자살을 포기했다. 디즈니랜드에서 근무하는 사람들의 진정한 서비스에 업이 풀렸던 것이다.

현대사회에서 서비스는 고객을 단순히 즐겁게 해주는 것에 그치지 않는다. 마음을 치유하는 것, 용기와 희망까지를 심어주는 형태로 진화하고 있다.[3] 일본에서는 '서비스업'이라고 불리던 일들이 점차 '고객환대 비즈니스hospitality business'나 '환대산업hospitality industry'이라는 말로 대체되고 있다. '치유' '부드러움' '편안함' 등을 목적으로 하는 사람들과 세상을 구하는 서비스로 나아가고 있는 것이다. 예수가 최고의 서비스맨이라고 말하는 근거도 바로 여기에 있다.

이제 그분은 그들의 발을 씻어주시고 겉옷을 입으신 다음 다시 식

  서비스에 미쳐라

탁에 비스듬히 앉아 그들에게 말씀하셨다. "내가 여러분에게 한 일을 알겠습니까? 여러분은 나를 '선생님' 또는 '주여' 하고 부르는데, 그것은 옳은 일입니다. 내가 그러하기 때문입니다. 그러므로 내가 '주' 요 또 '선생' 임에도 불구하고 여러분의 발을 씻겨주었다면, 여러분도 서로 발을 씻겨주어야 합니다."[4]

03

너도 살고 나도 사는 '상생 마인드'

시니컬하게 '자선사업 하냐?' 라는 말을 하는 경우, 사업은 영리를 목적으로 한다는 전제가 깔려 있다. 그러나 진짜 서비스맨은 자선사업을 한다고 생각해야 한다. 매장 직원을 고용하는 문제를 생각해보자. 사장들 중에는 직원에게 지급되는 월급을 아깝게 생각하는 사람들이 많다. 장사가 잘 될 때는 그런 생각을 하지 않는다. 장사가 잘 안 될 때, 손님이 뜸해 직원이 쉬고 있는 것을 볼 때 그런 생각을 한다.

하지만 장사라는 것이 잘 될 때도 있고 안 될 때도 있는 것 아닌가? 장사가 안 될 때는 직원에게 자선을 베푼다고 생각하라. 고용을 창출하는 것이 얼마나 가치 있는 일인가? 물론, 실상은 자선을 베푸는 것이 아니다. 그러나 그렇게 생각함으로써 사장으로서 들 수밖에 없는(?) 이기적인 생각을 차단하라는 것이다.

점포 광고를 하기 위해서 전단지를 만들어야 한다고 해보자. 전단지를 뿌리기 위해서 아주머니들이나 아르바이트생들을 잠깐 고용하려면 역시 돈이 든다. 돈이 나가고 들어오는 측면에서만 생각할 때 광고란 지출이며 반드시 돈이 나간 만큼 효과를 거두리라는 보장도 없기 때문에, 장사하는 사람들은 광고를 하면서도 손해 본다는 느낌을 받는다. 전단지 제작비며 아르바이트 비용만 나갔지 당장 수중에 들어오는 돈이 없어서 찜찜함을 느끼는 것이다.

바로 이럴 때 사실이 아니더라도 '나는 자선을 베풀고 있다'고 생각해보면 어떨까? 찜찜함, 짜증스러움, 불안감 등을 떨쳐낼 수 있을 것이다.

돈 때문에 속 끓일 바엔
'자선한다'고 생각할 것

　　　　　　최소비용으로 최대효과를 거두는 것에만 관심 있는 장사꾼들은 매장에 다양한 제품들을 구비해놓고 팔기보다는 수익률이 좋은 제품들을 주로 구비해놓고 판매한다. '돈 버는 재미'에만 관심 있는 쾌락추구형 장사꾼들의 모습을 보인다.

의미추구형 서비스맨들의 생각은 다르다. 이들은 결과에만 집착하지 않는다. 최대비용으로 최소효과를 거두겠다는 마인드를 가지고 있다. 그래서 수익률이 좋은 상품 취급에 집중하기보다 고객들에게 폭넓은 선택의 기회를 제공하는 쪽을 택한다. 자신에게 돌아오는 수익은 적더라도 '고객만족'을 위해서 가능한 한 다양한 제품들을 구비하려고 노력한다.

의미추구형 서비스맨은 이런 맥락에서 '마진율(중간 이윤)'도 비교적 낮게 책정한다. 지나치게 경쟁상대를 의식해서, 혹은 더 많은 고객들을 확보하기 위해 무조건 마진율을 낮게 매기는 것은 현명하지 못한 처사다. 요즘 고객들은 싸다고 해서 무조건 좋아하지 않는다. 여러 가지 요소들을 총체적으로 취합하여 비싸다, 싸다를 판단하기 때문이다. 제품의 질, 매장 분위기, 서비스맨의 태도, 하다못해 기다리는 동안 먹으라고 주는 캔디의 수준 등등 수많은 기준들이 순간적으로 취합된다. 이런 기준들을 취합하여 종합적으로 판단을 내리는 것에는 애매함이 내재되어 있을 수밖에 없다.

인스턴트커피를 타주는 대신 100% 오렌지 주스를 주는 것을 어떻게 금액으로 환산할 수 있겠는가? 3천 원 정도의 가치가 된다면 3천 원 더 비싼 것을 상쇄할 수 있을 것이다. 그러나 고객은 이러한 애매함에도 불구하고 판단을 내린다. 퍼지적으로 판단을 내리는 것이다. 퍼지적인 판단의 결과가 대체로 '비싸다'로 나온다면

서비스에 미쳐라

문제가 된다. 퍼지적인 판단의 결과가 대체로 '싸다'가 될 수 있도록, 반드시 서비스의 질 대비 마진율을 낮게 책정해야 한다.

그런데 많은 제품들을 구비하면서도 마진율을 낮추고 직원 월급과 아르바이트 비용 등을 지불하자면 사장 몫으로 돌아오는 이윤이 적을 수밖에 없다. 적은 이윤에 만족할 수 있는가? 바로 이 지점에서 필요한 것이 '서비스 정신'이다. "서비스맨은 종이다. 종은 많이 소유할 수 없다"는 생각을 해보자. 이런 마인드를 가진 사람에게 이윤의 적음이 무슨 문제가 되겠는가?

가끔은 진짜로 '자선'을 행하는 것도 좋은 방법이다. 사장과 직원들이 마음을 합해 어려운 환경에 있는 사람들을 돕는 것이다. 그렇게 하면 더욱 의미를 추구하는 서비스맨이 될 수 있다. 백 마디 말보다 한 번의 실천이 더 큰 효과를 거둔다. 직원들에게 진짜 서비스 정신이란 무엇인지, 서비스맨으로서 쾌락보다 '의미'를 추구한다는 것이 무엇인지를 가르쳐주는 좋은 기회가 될 것이다.

노블레스 오블리주가 별건가?

많은 사람들이 '나중에 돈을 많이 벌면 어려운 사람들을 도울 거'라는 말을 한다. 하지만 그렇게 말하는 사람들 대부분은 돈을 많이 벌어도 그렇게 하기 힘들다. 왜냐하면 그때도 돈이 부족하다고 생각할 것이기 때문이다.

이상하게 돈이란 적으면 적은 대로, 또 많으면 많은 대로 항상 부족하다. 거칠게 말하는 것이 허락된다면 유럽에 자유주의를 전파했다고 평가되는 프랑스대혁명도 결국 돈 때문에 일어났다. 돈이 부족한 왕이 세금을 더 걷기 위해 삼부회를 소집한 것이 기화가 되어 혁명이 발발하지 않았는가? 한 나라의 왕도 '돈'이 부족하다고 느낄진대 작은 가게 하나 운영하는 사장은 오죽하겠는가? 장사가 좀 잘된다고 해서 어느 날부턴가 선뜻 '자선사업'을 할 수 있을 리 만무하다. 돈이 없는 지금부터 나름대로의 방식으로 자선사업을 해야 한다.

새로운 사업에 진출할 때도 서비스맨은 자선을 염두에 두어야 한다. 업종을 선택할 때부터 사람들이 필요로 하는 것이 무엇인지 생각해보는 것이다. '일복 터진 종' '일복 터진 서비스맨'이 될 생각을 해야 한다. 주식이나 부동산 투자를 할 때도 마찬가지다. 그냥 편하게 아무 일 안 해도 한 달에 어느 정도의 수입이 생겼으면 좋겠다는 생각은 지양해야 한다.

흔히들 말하는 '가치투자'도 자선사업의 맥락에서 이해할 수 있다. 훌륭한 기술을 가지고 있지만, 자금이 부족해 고전하고 있는 기업에 투자하는 것도 자선사업이 될 수 있다. 더 많은 고용이 창출되게 하는 것이 자선사업 아니고 무엇인가?

돈의 속박으로부터 벗어난
자유로운 마음 갖기

어떤 사업이든 자선사업을 한다는 마음으로 한다면, 수익률을 높여야 한다는 부담감에서 벗어날 수 있다. 돈은 그 자체가 목적이 아니라 좋은 의도에 부수적으로 따라오는 결과물이 될 것이기 때문이다. 예컨대 낙후된 지역에 땅이나 집을 산 다음 어느 정도 수리해서 시세보다 저렴한 값에 임대하는 부동산투자자가 있다고 해보자. 자선사업을 한다는 마음으로 큰 기대하지 않고 한 투자였음에도 우연히 그 지역이 재개발된다는 낭보를 접하게 될 수 있는 것이다. 진득하게 기다릴 줄 모르는 사람이 부동산투자로 큰돈을 벌었다는 이야기는 들어보지 못했다. 자선사업을 염두에 두면 진득하게 기다릴 수 있다.

예수는 상인들이 성전에서 물건을 팔면서 폭리를 취한 것을 혹독하게 비판했다. 진정한 상인, 즉 진정한 서비스맨은 너무 높은 마진을 얻으려고 해서는 안 된다.

예수께서는 성전에 들어가 성전에서 팔고사고 하는 사람들을 모두

쫓아내시고, 돈 바꿔주는 사람들의 상과 비둘기 파는 사람들의 걸상
을 뒤엎으셨다. 그리고 그들에게 말씀하셨다.

"내 집은 기도하는 집이라고 불릴 것이다' 라고 기록되어 있는데,
당신들은 그것을 강도들의 소굴로 만들고 있소."[5]

돈 때문에 일희일비(一喜一悲)하지 말라. 돈은 항상 부족한 법이다.
장사는 잘 될 때가 있는가 하면 잘 안 될 때도 있다. 당장의 지출
이 당장의 수입으로 직결되지 않을 때가 더 많다. 자선사업 한다고
생각하고 노력하다 보면 반드시 좋은 결과가 온다.

04

소문난 장사꾼은 물건을 팔지 않는다

다른 사람을 섬기는 것이 서비스맨의 '숙명'이라곤 하지만 그렇다고 해서, 무조건 '사장님' '사모님' 하면서 허리를 굽힐 필요는 없다. 일반적으로 고객들은 자신과 동등한 입장에서 컨설턴트 역할을 해주는 사람을 더 신뢰한다.[6] '고객은 왕'이라는 서비스 명언은 서비스가 종노릇이라는 점을 강조하는 말이다. 결코 고객에게 굴종할 것을 종용하는 말이 아니다. 예수는 종노릇은 했지만 굴종을 하지는 않았다.

앞서 '고객의 마음을 치유하고 용기와 희망을 심어주는 것'이 서비스라고 하였다. '치유' 하면 제일 먼저 생각나는 사람들이 바로 의사들이다. 나는 진정한 의사는 서비스 정신이 투철해야 한다고 생각한다. 의사가 돈을 좇는다면 환자가 가난한지, 부한지를 따지지 않겠는가?

진정한 의사는 오직 환자를 환자로 대한다. 자신의 '고객'이 많아지는 것을 열망하지 않을 것이다. 극단적으로 말하면 고객이 많기를 바라는 것은 곧 많은 사람들이 아프기를 바라는 것이고, 더 많은 사람들이 갖은 질병과 사고에 노출되기를 바라는 것이기 때문이다.

마찬가지로 진정한 의사와 같은 서비스맨은 고객이 만 원짜리 물건을 사도 가볍게 생각하지 않고, 백만 원짜리 물건을 사도 무겁게 생각하지 않는다. 진정한 서비스맨은 고객이 쓰는 돈에 상관없이 언제나 한결같은 서비스를 한다.

일본에서 제일 친절하기로 유명한 MK 택시는 우선적으로 지체장애인들을 태워주고 10% 할인까지 해준다. 그런가 하면 새벽 2시부터 아침 6시까지 응급수송을 위해 시내 중심지마다 택시를 대기시켜놓아 시민들의 편의를 도모하기도 하고, 적십자사로부터 응급처치법을 20시간에 걸쳐 배운 기사와 구급약을 갖춘 응급택시를 운영하기도 한다.[7] 장애인, 응급 환자 등에게 우선 배려하는 MK 택시의 기사들은 실로 의사 같은 서비스맨들 아닌가?

고객을 끌어당기는
서비스맨의 매력

세계 여러 나라를 여행하면서 특히 인상 깊었던 것 한 가지는 '할아버지들의 서비스'였다. 만면에 미소를 띤 할아버지들이 서비스를 할 때 참 편하다는 느낌을 받았다. 터키에 있는 카지노에 갔을 때였다. 양복을 멋지게 차려입은 한 할아버지가 입구에 서 계셨다. 그 할아버지는 그 카지노의 '기도(문지기)'였다. 품위 있는 풍채와 미소가 인상적이었던 그 할아버지의 안내를 받을 때, 왠지 모를 편안함을 느꼈다.

이탈리아에서 봤던 한 할아버지는 골목 어귀의 한 허름한 피자집에서 피자를 팔고 계셨다. 옛날 시골에 있던 찐빵집 같은 분위기였다. 피자도 맛있었지만 그 편한 분위기가 너무 좋았다. 역시 그 할아버지의 미소가 기억에 남는다.

미국 옐로우스톤 국립공원에 갔을 때였다. 자전거 가게가 있었다. 백발이 성성한 할아버지가 자전거를 고치고 계셨다. 특이하게 생긴 자전거를 보고 타 봐도 되겠냐고 하자 흔쾌히 허락하시면서 어떻게 타야 넘어지지 않고 탈 수 있는지도 친절히 설명해주셨다.

서비스맨은 클래스가 낮다고 생각하는가? 서비스라는 직업이 당당하지도 않고 멋지지도 않다고 생각하는가? 내가 만난 할아버지들의 서비스는 아주 품위 있었고 멋있었다. 진짜 서비스맨이 되려면 그분들처럼 돈 냄새가 나지 않는 무욕의 서비스, 품위 있는 서비스를 구현할 수 있어야 한다.

　미국뿐만 아니라 세계에서 최고의 고객 서비스로 인정받는 노드스트롬 백화점의 드레스 매장에서 이런 일이 있었다고 한다. 한 직원이 누더기를 걸친 어떤 여인에게 드레스를 입어보게 했다. 지나가다가 우연히 그 광경을 본 목사가 직원에게 왜 누더기를 걸친 여인에게 드레스를 입게 허락했는지 묻자 직원은 "고객에게 봉사하고 친절을 베풀기 위해 우리가 여기에 있는 것입니다"고 답했다. 감동을 받은 목사는 교회에서 설교할 때 그 일화를 소개했는데, 그 설교가 〈뉴욕타임즈〉에 실리게 되어 노드스트롬 백화점이 명성을 얻게 되었다.[8]

　최고의 서비스맨이며 최고의 의사로서 "병든 사람들을 고치고, … 나병 환자들을 깨끗하게 하"며 "여러분은 거저 받았으니 거저 주십시오"[9]라고 했던 예수까지는 아니어도, 노드스트롬 백화점 의류 매장의 직원 정도는 되어야 진짜 멋진 서비스맨이라고 할 수 있지 않을까? 자신의 삶의 자리에서 자신이 할 수 있는 최선의 서비스가 자연스럽게 몸에 배어 있던 그 할아버지들처럼 말이다.

　서비스에 미쳐라

서비스맨은 굴종하지 않는다. 진정한 서비스맨은 마치 '의사'와 같다. 고객이 부자이거나 빈자이거나 상관없이 언제나 한결같은 서비스를 한다. 돈벌이를 위해서, 물건을 팔기 위해서가 아닌 사람을 위한 서비스를 하라.

05

고객의 **환심**은
어떻게 사는가?

　　서비스맨은 언어에 관심을 기울여야 한다. 오해 없이 자신의 마음을 표현하고 전달하기 위해서는 언어를 잘 활용해야 한다. 언어는 '매직'이다.

　　사람들이 사이비교주에게 돈을 바치는 이유를 생각해보자. 의사들이 환자를 포기해도 사이비교주는 포기하지 않는다. 병이 나을 거라며 끝까지 희망을 제시한다. 그러다가 죽으면 어떻게 되는가? 사이비교주는 절대 자기가 틀렸다는 것을 인정하지 않는다. 그들은 환자가 죽어도 '사후의 어떤 장소에 갔다' 거나 '부활된다' 고 말한다. 이미 죽은 사람이지만 사이비교주는 여전히 희망을 제시한다.

사이비교주는 거짓말을 잘한다. 사이비교주의 거짓말은 대개 플라세보 효과를 발휘한다. 플라세보 효과, 즉 위약偽藥 효과는 거짓말이라 할지라도 좋은 결과를 산출할 수 있음을 보여준다.

얼마 전 사촌 형님이 암에 걸려 투병생활을 하다 돌아가셨다. 환자 본인은 그렇다 치고 병수발을 하며 죽어가는 아들을 말없이 지켜봐야 하는 고모의 가슴앓이가 이만저만이 아니었다. 당시 나는 거의 날마다 고모에게 전화를 드렸다.

그러던 어느 날이었다. 고모는 울음 가득한 목소리로 의사가 마음의 준비를 하라고 했다고 말했다. 상심한 고모를 위해 나는 이렇게 거짓말을 했다.

"고모, 형님은 이제 곧 나을 테니까 걱정 마세요. 바닥을 쳤으니까 올라옵니다. 반드시 건강해질 거예요!"

그러자 고모가 약간 나아진 목소리로 대답했다.

"정말 그럴까? 그랬으면 얼마나 좋을까! 나는 네 말만 믿을게."

스스로 생각해도 나는 사이비교주처럼 말했다. 하지만 차마 그런 상황에서 '고모, 마음의 준비를 하세요'라고 말할 수는 없는 것 아닌가! 비록 사이비교주의 말처럼 허황된 거짓말일지라도 나는 슬픔에 찬 고모를 위로하는 것이 옳다고 생각했다. 그것이 인간으로서 보여야 할 면모라고 생각한다.

사이비교주의 흡인력을
비즈니스에 접목한다

어떤 조직이든지 보스^{boss}는 사이비교주처럼 말해야 할 필요가 있다. 내일 망한다 하더라도 오늘 성공한다는 비전을 제시할 수 있어야 하며, 필요할 때 선의의 거짓말을 할 수 있어야 한다. 이를 두고 거짓말을 한다고 비난하는 것은 하나만 알고 둘은 모르는 것이며 '내일 지구가 멸망한다 해도 사과나무 한 그루를 심겠다' 는 말의 의미를 알지 못하는 것이다.

언젠가 삼성그룹의 신입사원이 '이건희 회장은 사이비교주 같다' 고 말하는 것을 매체를 통해 본 적이 있다. 입사한 직후 일주일간 이건희 회장이 평소에 했던 말들이 담겨 있는 비디오를 보는 교육을 받았던 것이다.

'충성고객' 이라는 말의 의미를 생각해보자. 이 말 속에는 고객도 조직의 일부라는 뜻이 담겨 있다. 본래 충성이란 조직원이 그 조직이나 보스를 위해 바치는 것 아닌가? 조그만 매장을 운영하는 사람도 사이비교주처럼 될 필요가 있다. 고객들을 조직원으로 삼아 사이비교주가 계속해서 믿음을 심어주려 노력하는 것처럼 고객에게 계속해서 믿음을 심어주는 말을 해야 한다. '이 제품은 아주 좋은 것이다' '브랜드가 훌륭하다' '그럼에도 불구하고 최저가로 공급하고 있다' 고 말하는 것이다. 혹시 제품을 가공해서 판매하는 일을 하고 있다면 '아주 좋은 기계로 정밀하게 만들고 있다' '거의 작품 수준으로 만들었다'고 말해도 좋을 것이다.

물론, 소가 언덕을 필요로 하듯이 선의의 거짓말도 어느 정도의 근거를 필요로 한다. 아주 좋지 않은 제품을 좋은 제품이라고 하는 것은 고객에게 사기를 치는 것에 지나지 않는다. 사기꾼이 되지 않으려면 근거를 만드는 일을 게을리 해서는 안 된다. 브랜드 제품을 구비한다든지, 훌륭한 도구를 구비한다든지, 훌륭한 기술을 습득한다든지 서비스 질을 높이기 위해 여러 모로 노력해야 한다.

제품들을 다양하게 구비해 놓으면서도 다른 곳보다 값싸고 질도 괜찮은 제품을 따로 진열해두고는 "싸게 판다"며 고객을 끌어보는 것은 어떨까? 얼마나 싸게 판매하는지 예쁜 글씨로 써둘 수도 있을 것이다. 이 같은 선의의 거짓말은 흔한 상술이지만 고객을 유혹하는 데 꽤 도움이 된다. 때문에 선의의 거짓말, 믿음을 주는 말은 '주문'을 외우듯이 반복적으로 할 필요가 있다.

어떤 매장에 갔을 때였다. 사장이 "최신 설비로 제품을 가공하고 있다"는 이야기를 하는 것이었다. 그런데 그 말은 1년 전에도 들었던 말이었다. 나는 "지난번에 들었는데요"라고 말했다. 그 사장은 별로 상관하지 않는 눈치였다. "너무 괜찮은 장비여서 계속 말하고 있습니다"라고 말하면서 웃었다.

'주문'은 반복적으로 외워야 한다. 고객과 상담하는 과정 어느 시점에서는 반드시 외워야 할 주문들을 염두에 두고 있어야 한다.

나는 2002년 월드컵 때 한국이 4강에 진출하게 됐던 것도 축구 선수들은 물론 히딩크 감독과 온 국민의 주문이 있었기 때문에 가능한 일이었다고 생각한다. 또한, 삼성그룹이 성공한 것도 '성공의 주문'이 있었기에 가능했던 것은 아닐까?

아무리 사소한 성공이라 할지라도 성공에는 주문이 필요하며, 주문은 최선을 다해 외워야 진짜 효력을 발휘할 수 있다. 예수는 사이비교주가 아니었다. 그냥 교주였다. 예수는 다음과 같은, 믿음을 심어주는 말을 반복적으로 했다.

나는 부활이요 생명입니다. 나에게 믿음을 나타내는 사람은 죽어도 살아날 것입니다. 그리고 누구든지 살아서 나에게 믿음을 나타내는 사람은 결코 죽지 않을 것입니다. 당신은 이것을 믿습니까?"[10]

> **Key Point**
>
> 때로는 선의의 거짓말이 행복감과 위로와 용기를 선사하기도 한다. 진정한 서비스맨은 때로 사이비교주처럼 무한히 긍정적인 언어를 구사할 수 있어야 한다. 그런 언어가 고급의 서비스임을 기억하라.

작은 약속과
장사꾼의 신용

　'거래'에 있어서 가장 중요한 것이 무엇일까? 바로 '약속'이다. 그런데 이 약속이란 사실 '거짓말'과 같은 맥락에 있다. 현재가 아닌, 앞으로 일어날 일에 대해서 말하는 것이기 때문이다. 예를 들어 주문한 제품을 삼일 뒤에 받아볼 수 있다고 고객에게 약속했다고 해보자. 삼일 동안 어떤 일이 일어날지 아무도 모른다. 내가 교통사고를 당할 수도 있고 공장에 불이 날 수도 있고 천재지변이 일어날 수도 있다. 만약 그런 일들이 일어난다면 약속은 지켜지지 못할 것이다.

　약속을 해놓고 지키지 못하면 결과적으로 거짓말한 것이 되지 않는가? 감히 미래의 일에 대해서 말한다는 의미에서 약속은 어느 정도 거짓말과 통한다. 그래서 약속이 인격의 척도라고 하는 것이다. 언행의 일치를 완벽하게 구현하는 사람은 다른 사람들에게 믿음을 얻을 수 있다.

고객들은 약속이 이행된 것에 대해서는 당연하다고 여긴다. 하지만 아홉 번 약속을 잘 지키다가 한 번 약속을 지키지 못하면 '실없는 사람' 으로 추락한다. 더구나 서비스맨은 다수의 고객들을 상대해야 한다. 약속과 관련해서 서비스맨의 입장이 절대적으로 불리한 것이다.

아무리 사소할지라도 '약속' 은 지킨다는 것이 중요하다

가능한 한 약속은 함부로 하지 않는 것이 좋다. 혹시, 언제까지 제품을 받아볼 수 있냐며 확답을 달라는 고객들에게는 약속 대신 "대개 3일 정도 걸립니다. 하지만 어떤 변수가 있을지 모르니까 저희가 다시 연락을 드리겠습니다"고 대답하는 게 좋다. 기어코 약속을 받으려고 하는 고객들이나 날짜를 지정해주면서 언제까지 꼭 해달라고 하는 고객들에겐 이렇게 말하는 것도 좋은 방법이다.

"죄송합니다. 저희가 심리적으로 압박을 받으면 제대로 된 서비스를 제공하지 못하게 됩니다. 그 날짜까지 상품은 준비될 수 있지만 공장 사정에 따라서 늦어질 수도 있습니다. 반드시 그 날짜여야만 한다면 조금 어렵겠는데요. 어쩌지요?"

론 젬키Ron Zemke와 크리스티 앤더슨Kristin Anderson이 지은 《서비스 달인의 비밀 노트》라는 책을 보면 '판매를 성사시키기 위해 과장된 약속은 절대로 하지 말라. 오늘날의 서비스 경제에서 판매는 서비스의 끝이 아니라 시작이다. 약속한 것은 반드시 지키고 지킬 수 있는 약속만 하는 것이 신뢰의 전부다' [11]라는 문장이 있다.

판매를 성사시키려는 욕심을 버려야 한다. 소탐대실할 수 있다. 무욕의 서비스를 구현하지 못하게 된다.

전단지나 플래카드를 통해 '할인 판매'를 한다고 고객에게 알렸으면, 약속한 대로 고객에게 약속한 할인율을 적용해야 한다. 고객 중에는 할인 판매한다는 광고를 보고 찾아왔으면서도 어색해서 묻지 못하는 사람들도 있다.

예전에 어떤 레스토랑에 갔을 때의 일이다. 나는 음식 값을 대폭 할인한다는 플래카드를 보고 그 레스토랑에 갔다. 하지만 막상 '할인'에 대해 물어보자 웨이트리스는 엉뚱한 대답을 했다. 덕분에 나는 동행한 여성 앞에서 얼굴이 빨개져야 했다. 자세하게 물어볼 수가 없었다. 이후 나는 그 레스토랑에 가지 않는다.

매일 **아침**, 자기 **성공**의 **주문**을 걸어라

07

　　"어떤 성취한 업적에는 반드시 그에 상응하는 행동습관이 있었고, 행동이 있었다는 것은 그것을 유발시킨 마음가짐 또는 사고습관이 있었다는 반증이다. 그리고 마음가짐이나 사고습관이 형성되었다는 것은 필요한 만큼의 반복적인 정신 주입이 있었다는 증거이다. 주기적으로 새롭고 긍정적인 생각을 주입하면 치환의 원리가 작용하여 부정적인 사고 습관은 사라지고 긍정적인 사고 습관만 남게 된다. 사람에게 있어 습관적인 반복이 일어나도록 만드는 것이 바로 '정신 주입'이다. 그리고 정신 주입의 가장 탁월한 방법은 혼잣말이다. 모든 위인들의 위대한 업적은 다 그들이 했던 혼잣말의 결과이다. 우리에겐 머릿속에 가득한 부정적인 생각을 치환의 원리로 밀어낼 혼잣말이 필요하다. 사람은 하루 중 자신이 가장 많이 생각하는 것을 결국 현실로 나타내게 되어 있다."[12]

《놀라운 집중의 기술》이라는 책의 한 대목이다. 이 글은 성공을 향한 자기 암시라는 측면에서 '주문'을 외워야 한다는 나의 생각을 뒷받침해준다. 이 말을 다음과 같이 바꿔 이해해보면 어떨까?

"주문을 외워 고객에게 믿음을 심어주는 행동을 습관적으로 하려면 먼저 나의 마음가짐이 확실해야 한다. 나의 마음가짐을 확실하게 하기 위해서는 반복적인 '정신 주입'이 필요하다. 혼잣말이 필요하다. 반복적인 정신 주입, 혼잣말이 무엇인가? 바로 넓은 의미의 '주문'이다. 나 자신에게 믿음을 심어주는 주문이 선행되어야 한다. 그래야 타인에게 믿음을 심어주는 주문을 발할 수 있다."

직장인이라면 아침에 잠자리에서 일어나 '아, 정말이지 회사에 가기 싫다!'고 느낄 때가 한두 번이 아닐 것이다. 처음부터 그렇게 프로그래밍된 로봇처럼 매일 아침 그 시간에 머리를 감고, 출근 준비를 하는 자신이 처량하게 느껴질 때가 많을 것이다.

그런데 자기 사업을 하는 자영업자는 토요일은 물론 일요일까지 근무하는 게 보통이다. 그나마 경기라도 좋으면 상관없다. 경기까지 나쁠 때면 개인사업자들의 아침은 그야말로 고통의 시작에 다름 아니다.

긍정적인 생각이 행운을 부른다는 말을 들어본 적이 있을 것이다. 타자가 힘껏 배트를 휘둘렀을 때 공이 빗맞았다고 해보자. 1루까지 달려봤자 아웃 될 게 뻔하다고 생각한 선수가 천천히 달리면 되겠는가! 긍정적인 생각을 하고 힘껏 달리다 보면 악송구로 인해 2루까지 갈 수 있는 행운이 나의 것이 될 수도 있고, 그것을 기화로 팀이 승리하는 경우가 생길 수도 있다. 실제로 야구 경기에서 이런 경우가 종종 발생한다. 긍정적인 생각이 행운을 부른다는 말은 참이다. 아침에 눈을 떴을 때 좋지 않은 생각의 늪에 빠지지 않기 위해서 자신만의 '성공 주문'을 외워야 한다.

주문은
간단하게

사람들은 저마다 자신만의 주문을 개발할 필요가 있지만, 특별히 서비스에 관련된 주문을 개발하려고 의도할 필요는 없다. 인생 전체를 관통하는 주문은 결국 서비스와도 관련되기 때문이다.

또한, 주문은 외우기 쉽도록 비교적 간단하고 명료한 것이 좋다. 배달서비스 업체인 페더럴 익스프레스의 성공 주문은 딱 세 마디로 되어 있다. 바로 "무조건! 긍정적으로! 밤새도록!"이다. 페더럴 익스프레스는 상품을 무조건, 긍정적으로, 밤을 새워가며 가져다주었기 때문에 업계에서 성공을 거둘 수 있었다. 내가 보기에 페덱스의 주문은 인생 전체를 관통하는 주문으로도 손색이 없다. 누군가가 무조건, 긍정적으로, 밤새도록 공부를 했다면 어떻게 되었겠는가?

대단히 성공적인 기업으로 꼽히는 리츠칼튼 호텔의 신조 역시 "신사 숙녀들을 돕는 신사 숙녀들!"로 매우 간단하고, 인생 전체를 관통하는 주문으로서 손색이 없다. 이런 주문을 외운다면 아무래도 '신사' '숙녀'가 되기 위해 좀 더 노력하게 되지 않겠는가?

이왕이면 주문을 시처럼 압축적이고 리듬감 있게 만들어보자. 외우는 데 매우 용이할 뿐 아니라 직원 교육에도 좋을 것이다. 성공을 위한 '주문'을 만드는 데 혼자서만 고민해서는 안 될 것이다. 직원들을 적극 동참시켜야 한다.

이런 성공의 주문은 매일 아침 업무를 시작하기 전이나 힘든 상황을 겪을 때, 사장을 비롯한 매니저와 전 직원들이 함께 외우면 그 효과가 크다. 많은 사람이 동시에 꾸는 꿈은 현실이 되기 쉽다는 말이 있지 않은가? 스타급 운동선수들의 몸을 풀어주는 코치처럼, 좋은 사장이나 매니저는 직원들이 활력을 찾고 충전한 에너지를 펼칠 수 있도록 만들어줘야 한다.[13]

예수도 제자들에게 항상 기도하라고 하면서 이렇게 말했다.

 서비스에 미쳐라

"계속 청하십시오. 그러면 주어질 것입니다. 계속 찾으십시오. 그러면 발견할 것입니다. 계속 두드리십시오. 그러면 열릴 것입니다.[14]"

흔히 기도를 하면서 믿으라고 한다. 기도를 하면서 믿지 않으면 효과가 없다고 한다. 기도는 믿음을 가져다주는 성공의 주문과 같은 효과를 발휘한다. 기도나 주문, 혼잣말 등 반복적인 정신 주입이 가져다주는 효과는 아주 크다.

Key Point

목표한 바를 이루기 위해서는 그 열정을 유지시켜줄 지속적이고 반복적인 '정신 주입'이 필요하다. 긍정적인 생각을 키우고 나태와 침체를 낳는 생각의 늪에 빠지지 않기 위해서다. 위대한 사람들은 물론 성공한 기업마다 '성공의 주문'이 있었다. 사람은 저마다 생각한 대로 살아가고 머물게 된다고 하지 않는가? 주문을 외워라. 단, 주문은 짧고 강렬한 것이 좋다.

08

자랑거리 많은 집에 구경꾼이 많은 법!

전통적으로 우리 사회는 자랑하지 않는 것이 미덕이고, 자기 속내를 잘 표현하지 않는 경향이 있다. 그래서 서비스맨들 중에는 고객의 신뢰를 얻어낼 수 있는 자신감 있는 언어를 구사한다든가 자기 자랑을 하는 것, 성공을 부르는 주문 외우는 것을 겸연쩍어 하는 사람들이 많다. 하지만 잘 생각해보라. 어떤 의미에서 자랑은 미덕이다.

이란을 여행했을 때의 일이다. 현지 가이드가 이란 남자와 결혼한 한국 여자였는데, 이 여자는 한국 방송국의 스텝들을 돕는 '코디' 역할도 겸하고 있었다. 그녀는 차를 타고 이동할 때면 자신이 어떤 프로그램에 도움을 주었고 어떤 기여를 했는지 이야기했는데, 듣다 보니 자기 자랑이 심하다는 생각이 들었다. 확실히 그녀는 코디라는 직업과 자신의 능력에 매우 큰 자부심을 갖고 있었다. 외국에서 생활하는 현지 코디의 역할이 프로그램 완성도의 70% 정도를 담당한다고 보면 된다고 말했다.

그녀가 가이드 역할을 충실히 잘하고 있었기에 나는 이내 '자랑할 만하니까 자랑하는 거겠지!' 라는 생각을 하게 되었다. 자랑을 한다는 것은 그만큼 자신감이 있다는 것이다.

사법고시에 합격하는 사람들을 보면 대개 자신감에 충만해 있었던 사람들이다. 사법고시를 준비하던 후배 한 명이 자기와 함께 시험을 준비한 친구들이 합격한 것을 보고 이런 말을 한 적이 있다.

"결국은 자신감의 차이더군요. 합격한 친구들을 돌이켜보면, 다들 자신감에 가득 차 있었거든요. 어쩔 때는 근거 없는 자신감을 가지고 있다는 생각이 들 정도였어요."

사법시험 합격자 중에 서울대생이 제일 많은 이유도 동일하다고 볼 수 있다. 서울대생들은 자기 머리가 제일 좋다는 믿음을 가지고 있고 '내가 아니면 누가 합격하겠냐?' 라는 자신감을 가지고 있다. 때문에 설령 한두 번 실패해도 다시 도전하는 에너지가 고갈되지 않는다.

'자기 PR^{Public Relations} 시대' 다. 현대 사회에서는 자신을 홍보하고 선전하는 것, 자기 자신을 열심히 자랑하는 것이 경쟁력이기도 하다. 특히나 요즘처럼 인터넷쇼핑이 발달하고 대형상점화되는 추세에서 동네의 조그만 상점이 살아남기 위해서는 필사적으로 자랑거리를 만들 필요가 있다.

남들이 근거 없는 자신감이라며 비웃든 말든 작은 상점에서는 아랑곳하지 않고 자랑을 해야 한다. '대도시의, 혹은 중소도시의 대형 매장보다 나은 것이 무엇일까?' 자문해보고 더 나은 것이 별로 없다는 생각이 들면 게임을 포기해야 한다.

언젠가 대형 안경점에서 얼마 이상을 구매한 고객에게 자전거를 주겠다고 광고한 적이 있었다. 그 광고를 보고 당시 작은 안경원을 운영하던 지인은 자기도 그 대형 안경점에서 안경을 사야겠다고 조크 아닌 조크를 했었다. 하물며 다른 고객들은 어떻겠는가! 당연히 대형 매장부터 찾으려고 들지 않겠는가?

작은 가게가 살아남기 위해선 필사적이고도 처절하게 자기 자랑을 해야 한다. 대형 매장에도 없는 기계를 갖춰놓았다거나 숙련된 기술자가 있다거나 혹은 대형 매장에는 없는 더 가치 있거나 더 저렴한 제품이 있다는 식으로 자랑을 해야 한다.

일반적으로 사람들은 동네의 작은 상점보다는 중심가의 대형 매장이 값싸면서도 더 다양한 제품을 구비해놓았다고 생각한다. 하지만 실상 그렇지 않을 수도 있다. 또한 자세히 보면 틈새시장이 보이기 마련이다. 대형 매장보다 뛰어난 부분을 개발한 다음 그 부분에 대해 열심히 자랑하라. '외제와 똑같아서는 이길 수 없다. 외제를 능가해야 한다' 는 카피가 있듯이 대형 매장과 똑같아서는 이길 수 없다. 대형 매장을 능가해야 한다.

대형 매장과 비슷한 제품, 비슷한 가격이라면 '서비스' 를 자랑거리로 만들어보면 어떨까? USAA^{United Service Auto Association}가 끊임없이 사용하는 '서비스가 무엇인지 우리는 압니다' 는 말처럼, 고객을 가장 잘 이해하고 있는 조직[15] 이라는 사실을 서비스를 통해 보여주는 것이다.

고승덕 변호사는 '일단 안 된다고 생각하는 85% 정도의 사람들은 이미 경쟁상대가 아니' 라고 말했다. 이는 달리 말해 '나는 성공한다' 는 확신만 있으면, 어떤 일에 도전하든 85%는 이기고 들어간다는 말이다. 일찍이 예수도 적절하게 배양된 믿음이 가질 수 있는 잠재력을 언급하며 이렇게 말했다.

"여러분의 믿음이 적기 때문입니다. 진실로 여러분에게 말하는데, 여러분에게 겨자씨만한 믿음만 있어도, 여러분이 이 산더러 '여기서 저기로 옮겨 가라' 하면 옮겨 갈 것이요, 또 여러분에게 아무것도 불가능한 일이 없을 것입니다."[16]

잘 배양된 믿음은 불가능하게 보이는 것을 가능케 할 수 있다. 사업을 영위하는데 있어 장애물들은 언제든지 나타날 수 있다. 그러나 자기 확신만 서 있다면 장애물은 아무것도 아닌 것이 된다.

09

멋진 외모,
튀는 패션도 서비스다

고객의 신뢰를 얻는 것과 관련해 생각해봐야 하는 또 다른 것이 옷차림이다. 요즘 사람들은 신발은 물론 헤어스타일, 여러 가지 패션 소품까지를 모두 포함해 '스타일이 좋다' 거나 '나쁘다' 고 평해 말하기도 하는데, 여기서는 그저 '옷차림' 으로 통칭해 말하려 한다.

어느 남성복의 광고 문구처럼 비즈니스 세계에선 "옷차림도 전략"이다. 록 싱어들의 범상치 않은 복장을 보라. 왜 꼭 록음악을 하는 사람들의 의상은 그러한가? 차림새가 우스꽝스럽고 다소 '오버스럽(?)' 지만, 그렇다고 로커가 비즈니스맨처럼 슈트를 잘 차려입은 채 정중히 서서 노래만 부른다는 것도 어딘지 이상하고 언밸런스해 보이는 게 사실이다. 어쩌면 청중뿐만 아니라 로커 스스로도 '내가 로커 맞나?' 하는 의문을 가지지 않을까?

복장은 언어와 마찬가지로 상징이고 비유이며 믿음과 관련되어 있다. 병원에 갔는데 담당의사가 예의 '흰 가운'을 입지 않고 지저분한 추리닝 차림으로 나타났다면, 환자로서 그 의사의 진단이나 치료행위를 신뢰할 수 있겠는가? 깔끔하게 잘 다려진 하얀 가운을 입고 있는 의사의 모습에서 환자는 전문성을 감지하며 안도감과 신뢰감을 느낀다. 그의 진단이나 치료행위를 믿고 따르게 된다. 의심과 반발심을 갖지 않는다.

반면 지저분한 차림새의 의사라면 어떨까? 그가 아무리 탁월한 능력을 가진 의사일지라도 환자 입장에선 '혹시 잘못되지는 않을까' 싶어 불안해지기 쉽다.[17] 의사로서의 전문성과 믿음을 상징하는 깔끔하고 잘 다려진 '하얀 가운'이 환자들에게 '이 의사는 최고의 의사다'라는 주문을 발하는 것이다.

옷차림이 중요한 이유가 여기에 있다. 서비스맨은 자신의 복장을 매장의 콘셉트나 분위기에 맞게 연출할 수 있어야 한다.

서비스에 미쳐라

몇 년 전 할리우드에 있는 스타의 거리를 거닐다 어느 의류매장에 들렀을 때다. 가게는 오토바이 마니아들이 즐겨 입을 법한 옷과 액세서리를 취급하고 있었는데 분위기가 아주 자유로웠다. 매장 분위기뿐만 아니라 직원들의 복장도 예사롭지 않았다. 가죽조끼만 걸치고 있었는가 하면, 각종 그로테스크한 액세서리들로 치장하고 있었다. 마약이라도 한 것 같았다. 아니, 어쩌면 진짜 마약에 취해 있었던 것인지도 모른다. 그럼에도 불구하고 거부감이 없었던 것은 그런 복장이 매장의 분위기와 잘 조화되고 있었기 때문이다. 그 계통에 오래 몸담았던 사람인 것 같았고, 그 계통의 전문가인 것 같았다.

혹시, 골동품가게의 주인이라면 다소 고풍스럽거나 흐트러진 옷차림새를 해보면 어떨까? 마치 자기 물건의 재고 현황이나 그것들의 가치조차 제대로 파악하지 못하고 있는 것처럼 자신을 연출하고, 상품들도 엉망으로 흩어놓아 고객들이 그 속에서 감춰진 보물을 찾아냈다고 믿도록 설정하는 것이다.[18] 고객은 가게 주인의 흐트러진 복장과 이미지에서 '당신은 보물을 찾을 수 있습니다' 라는 무언의 메시지를 발견하게 된다.

하지만 뭐니 뭐니 해도 서비스맨은 청결하고 단정한 옷차림을 유지해야 한다. 청결함과 단정함은 능력과 연결된다.[19] 특히, 여자들의 경우엔 화장을 센스 있게 하려고 노력할 필요가 있다. 언젠가 식당에 갔을 때의 일이다. 주인인 듯한 여자가 눈썹을 이상하게 그린 채 서빙을 하고 있었다. 그 눈썹 모양이 상당히 우스꽝스러웠다. 아니, 솔직히 말해서 그 눈썹을 보는 순간 밥맛이 싹 달아났다. 나이가 많은 아주머니였다면 충분히 이해하고도 남겠지만 그녀는 삼십대였다.

에티켓의 본질은 다른 사람들에 대한 배려이며 그들이 기대하는 바를 어느 정도 충족시켜주는 것으로 구현된다. 예컨대 추리닝을 입고 파티에 나타나면 안 되는 이유는 그것이 주인이나 다른 손님들의 기대에 어긋나는 행위이기 때문이다. 마찬가지로 여자들이 화장을 하는 것도 에티켓이며 타인에 대한 배려다. 물론 이 지구상에는 여자가 화장하는 것을 좋지 않게 여기는 곳도 있다. 그런 곳에서는 화장한 여자를 모두 창녀로 본다고 한다. 하지만 한국은 다르다. 우리나라에선 여자들이 화장을 하는 것이 예의다. 사람들은 서비스우먼이 화장을 멋지게 하고 매장에 있기를 바란다. 그런 의미에서 화장하기가 싫기 때문에, 혹은 귀찮아서 맨얼굴로 매장에 있는 서비스우먼은 화장도 넓은 의미의 복장에 포함된다는 사실을 깊이 생각해봐야 한다.

유니폼을 입는 곳에서도 마찬가지다. 항상 깔끔하고 단정한 차

 서비스에 미쳐라

림새를 유지해야 하며 식사를 했다거나 화장실을 다녀온 뒤 혹시 옷매무새가 흐트러지진 않았는지 점검해야 한다. 언제 매장 안에 들어올지 모르는 고객을 위해 최상의 모습으로 대기하고 있어야 한다. 고객은 제대로 복장을 갖춘 서비스맨을 더 신뢰하며 더 선호한다.

옷이나 신발, 패션소품 등을 판매하는 서비스업에 종사하고 있다면 몸에 걸치는 것이 가지는 중요성을 고객에게 이야기해줄 수 있다. "몸에 걸치는 모든 것은 곧 그 사람입니다. 자기만의 멋과 센스를 살리고 싶다면, 자신의 경제력 내에서 최고를 선택하는 것이 좋습니다"라고 말하는 것이다. 혹은 자신에게 투자하는 것을 아까워하지 않으며 자신을 소중히 여기는 사람이라는 것을 어필함으로써 자신에 대한 다른 사람들의 존중도 이끌어낼 수 있다는 점을 말할 수도 있다.

고객을 유혹하는
서비스맨의 옷차림

대개 남자들은 몸에 걸치는 것에 민감하지 않다. 그런데 사실 여자보다 남자가 몸에 걸치는 것에 신경을 써야 한다. 남자일수록 일과 사랑에 대한 강한 믿음을 가지고 있어야 하기 때문이다. 남자는 의심을 해서는 안 된다. 극단적인 예를 들어보자. 남자와 여자가 결혼을 해서 아이를 낳았을 때, 남자들은 여자들과 달리 그 아이가 정말 자신의 아이라는 손에 잡히는 증거를 가지고 있지 않다. 남자들은 '내 아내가 낳았기 때문에 내 아이다' 라고 믿을 수밖에 없지 않는가?

남자는 강한 믿음이 있어야 하며 멋진 꿈과 포부가 있어야 한다. 꿈이 없는 남자는 멋이 없다. 그런데 꿈을 이루기 위해 계속 앞으로 나아가기 위해서는 강한 믿음이 필요하다. 옷차림에는 한 남자의 꿈과 믿음, 자신감 등이 한눈에 드러난다. 의사가 깔끔한 가운을 입어야 하는 이유와 동일한 이유에서 남자는 옷을 잘 입어야 한다.

만약 명품을 가지고 있다면 매장에서 명품을 걸치고 있길 바란다. 명품을 알아보고 명품을 좋아하는 고객들이 많다. 그리고 명품은 고객들의 믿음을 고양시킨다. 명품이 '고객님이 상대하는 서비스맨은 멋을 아는 서비스맨입니다. 고객님도 멋을 아시는 분 아닙니까? 돈에 연연하지 마시고 멋을 추구하시지요' 라는 주문을 발하기 때문이다. 실제로 명품을 몸에 걸치고 고객을 맞이했을 때 매출이 더 올랐음을 경험했다. 그리고 명품을 알아보는 고객은 가격을 많이 깎으려 하지도 않았다.

 서비스에 미쳐라

마음껏 가꾸어라,
서비스맨에겐 나이가 없다

　　　　　　서비스맨이 나이가 좀 들었다면 더욱 복장에 신경 써야 한다. 나는 주로 19살이나 20살, 21살짜리 대학생들을 가르치는데 가만 보고 있으면 '정말 예쁠 때다' 라는 생각을 하게 된다. 아주 예쁜 학생들이 아니라 할지라도 예쁠 때이기 때문에 다 예뻐 보인다. 보고만 있어도 기분이 좋아진다.

　하지만 예쁠 때는 간다. 예쁠 때를 지나쳐버린 지 꽤 되었다면 노력을 할 필요가 있다. 너무 튀지 않으면서도 밋밋함이 없이 옷을 잘 입은 사람을 보면 기분이 좋아진다. 물론 코디네이션을 멋지게 한다는 것이 쉽지 않은 일이다.

　패션 감각은 하루아침에 길러지지 않는다. 이탈리아나 프랑스 사람들은 어렸을 때부터 자연스럽게 색에 대한 감각이나 디자인에 대한 감각을 키우기 때문에 코디네이션을 세계에서 가장 잘하는 사람들이 되었다. 하지만 코디네이션을 못하는 사람일지라도 잘된 코디네이션이 어떤 것인지는 안다. 글을 쓰지 못하는 사람도 좋은 글이 어떤 글인지 대강 알 수 있는 것과 같다.

　서비스맨은 복장에 신경을 많이 써서 보는 이에게 즐거움을 줘야 한다. '상품을 팔기 이전에 나 자신을 팔아야 한다' 는 말을 복장과 관련해서 생각해야 한다. 나이가 오십다섯 정도 되어 보이는 아저씨가 백화점의 어떤 매장에 있었다. 나이가 많은 서비스맨이었다. 하지만 매장과 아주 잘 어울렸다. 헤어스타일부터 시작해서 작은 액세서리에 이르기까지 모든 것들이 '조화로운 복장'에 기여하고 있었다. 보고 있노라니 기분이 좋아졌다.

복장을 서비스에 접목시킨 MK 택시 기사들의 경우를 보자. MK 택시 기사들은 세계적인 디자이너인 하나에 모리가 디자인한 유니폼을 입고 있다. 내가 일본 교토에 갔을 때 MK 택시 기사들이 입고 있는 제복을 눈여겨 보았는데 다른 택시 기사들의 제복과 확연히 구분되었다. 훨씬 고급스러웠다. 하나에 모리가 택시 기사의 제복은 디자인할 수 없다고 거절하였으나 MK 택시 회장이 4년간 설득하여 끝내 허락을 받아냈다는 일화는 잘 알려져 있다.[20]

예수도 사람들의 복장을 중요시했다. 다음 성경구절을 보면 집도 없고 물질적으로 매우 가난한 예수였지만, 사형 집행인들이 서로 차지하려 할 정도로 질이 좋은 옷을 입었음을 알 수 있다. 비유를 중요하게 생각했던 예수였기 때문에 옷이라는 비유를 중요하게 생각했던 것이다.

그런데 군인들은 예수를 기둥에 못 박고 나서 그분의 겉옷을 취하여 네 조각을 내어 각 군인이 한 조각씩 가졌으며, 또 속옷도 가졌다. 그러나 속옷은 솔기 없이 위로부터 통으로 짜여 있었다. 그러므로 그

들은 "이것을 찢지 말고 누구의 것이 될 것인지 제비로 결정하자"고 서로 말하였다.[21]

"옷차림도 전략이다"라는 어느 광고 문구는 비즈니스 세계에서 불멸의 진리이다. 고객과의 관계에 있어서 신뢰가 생명인 서비스맨에겐 특히나 복장이 중요하다. 언어 역시 서비스맨에게 중요한 상징이지만, 한눈에 띄는 복장은 고객의 믿음과 인상을 좌우하는 데 더 큰 영향력을 발휘한다.

10

디즈니랜드의 성공과 청소의 중요성

꿈의 공간을 만들기 위해 디즈니랜드가 가장 첫 번째로 신경 쓰고 주의를 기울이는 것은 '청결함' 이다. 이는 월트 디즈니가 누차에 걸쳐 강조했던 것으로, '비일상의 세계' 는 '일상의 그 어떤 곳' 보다 더욱 청결하고 깨끗해야 한다는 것이 그의 지론이었다.

디즈니랜드에서는 매일 약 1200개 정도의 쓰레기통 전부를 공원 오픈 전에 씻고 닦고 소독하며 광택제를 발라 광을 낸다. 작은 쓰레기통 하나도 쉽지 않게 하루를 맞이한다.[22]

다른 곳들처럼 디즈니랜드의 경우에도 처음에는 청소를 담당하는 부서의 인기가 별로 없었다. 그러나 시간이 지나면서 청소를 담당하는 관리자들의 인기가 급상승했다. 단순히 '청소'를 했던 것이 아니라 '청소를 담은 퍼포먼스'를 연출했기 때문이다.

예를 들면, 바닥에 떨어진 아이스크림을 치울 때 청소 직원은 결코 허리를 구부리지 않는다. 먼저 아이스크림 콘 부분을 빗자루와 쓰레받기를 이용해 치운 뒤 남아있는 끈적끈적한 부분 위에 분무기로 물을 뿌린 다음 뭉친 화장지를 몇 장 떨어뜨린다. 그리고 담배를 비벼 끄듯 발로 비벼서 그대로 흡수되도록 한다. 이 과정을 수행하는 동안 디즈니랜드의 청소 담당 직원들은 결코 허리를 구부리지 않는다.[23] 청소가 고상한 행위라는 인식 때문이다.

디즈니랜드 같은 경우는 청소를 하나의 퍼포먼스로 보았다. 일반 매장에서는 청소를 어떻게 보아야 할까? 나는 청소를 날마다 수행해야 하는 의식, 내지는 업業을 푸는 고귀한 행위로 보았다. 그래서 아침마다 쇼윈도우와 바닥 등을 닦으면서 '오늘 하루도 나의 업과 타인의 업을 많이 풀어봐야 되겠다'고 다짐하곤 했다.

청소를 깨끗하게 하지 못하는 서비스맨은 결코 최상의 서비스를 제공할 수 없다. 청소는 업을 푸는 일의 시작이다. 아무리 신상품이라도 먼지가 쌓여 있으면 신상품이 아닌 것 같다. 때문에 항상 먼지를 제거해야 한다. 제품의 진열을 수시로 바꿀 필요도 있다. 그렇게 하면서 제품을 깨끗이 닦는 것이다. 새로 오픈한 매장에 들어갔을 때 신선한 느낌을 받지 않는가? 그런 신선한 느낌을 고객들에게 항상 선사해야 한다. 적어도 한 달에 한번 신상품을 들이면서 전체 진열 상태를 수정할 필요가 있다.

청소만 잘해도
훌륭한 서비스

　　　　내 경우엔 보통 점심을 먹고 난 다음에 청소를 했다. 매장에 있다 보면 운동량이 부족해 소화불량에 걸리기 쉬운 까닭이다. 더군다나 매장에 있다 보면 식사 중에 고객들이 오는 경우도 많기 때문에 급하게 먹는 습관이 들어 더욱 소화불량에 걸리기 쉽다. 아침에 청소를 다하지 말고 조금 남겨두면 좋다. 아침에 하는 청소가 가벼워질 뿐 아니라 점심 먹고 청소를 하면 운동이 되기 때문에 소화도 잘 된다.

'완벽한 청소'의 연장선에는 냄새 또한 완벽하게 통제해야 한다는 명제가 존재한다. 후각은 사람의 감각 중에서 가장 제대로 이해되지 못하고 있는 감각에 속하는데, 고객들 중에는 냄새에 무척 예민한 고객들이 있다. 그래서 담배 냄새는 물론 몸 냄새뿐만 아니라 향수 냄새에도 강한 거부반응을 보일 수 있다.[24]

매장에서 특히 주의해야 할 냄새가 음식 냄새다. 어떤 매장에 들어갔는데 김치 냄새가 심하게 난다고 생각해보라. 음식점이라

서비스에 미쳐라

면 상관없다. 하지만 일반 매장에서 김치 냄새가 심하게 난다면 인상이 찌푸려질 수밖에 없다. 음식점이라 하더라도 예를 들어 정통 프랑스식 레스토랑일 경우는 김치를 내놓지 않는다.

음식을 먹는 행위는 일상적인 행위지만, 프랑스식 레스토랑 같은 경우는 비교적 '비일상의 공간'이다. 값비싼 음식을 파는 프랑스식 레스토랑은 모처럼 시간을 내서 좋은 분위기에서 식사를 하고 싶을 때 가는 곳 아닌가? 고양되어야 한다. 때문에 너무나도 일상적인 김치는 적합하지 않다.

방이 딸린 매장에서는 장사가 잘 되지 않는다는 말이 있다. 방이 딸려있어서 음식 냄새가 많이 나기 때문이다. 만약 매장에 방이 딸려 있다면 환풍기를 확실하게 가동시켜서 냄새가 신속하게 배출될 수 있도록 해야 한다. 또 냄새가 많이 나는 찌개 같은 것을 만들어 먹는 것은 삼가고, 일정한 시간 간격마다 향기가 배출되는 방향제들을 사용해 냄새를 완벽하게 통제해야 한다.

깨끗하고 말끔하게 정리돼 있는 매장에 들어섰을 때 기분이 어떤가? 상쾌하고 즐겁지 않은가? 서비스는 별것 아니라 여기기 쉬운 청소에서부터 시작된다. 고객에게 당신의 매장이 비일상적인 공간이길 바란다면, 사소한 냄새까지도 흔적 없이 제거할 수 있어야 한다.

11

고객의 기분까지 생각하는 센스있는 음악 선택!

음악 또한 강력한 주문을 발한다. 클래식 음악을 틀어주면 비싼 것이 많이 팔린다고 한다. 클래식 음악이 고객에게 '당신은 멋진 클래식 음악에 어울리는 멋진 고객입니다. 당연히 멋진 제품을 선택하셔야지요' 라는 주문을 발하기 때문이다.

남자 주인공 둘과 여자 주인공 한 명의 삼각관계가 주제인 드라마를 본적이 있다. 남자 주인공은 둘 다 피아니스트였다. 그런데 만약 남자 주인공들 중 한 명이 피아니스트였고, 다른 한 명은 드러머였다면 누가 더 멋있게 보였을까? 내 강의를 듣는 백 명 정도 되는 학생들에게 누가 더 멋있어 보이겠냐고 묻자, 학생들은 이구동성으로 피아니스트가 더 멋져 보이겠다고 했다.

이는 르네상스 시기 유럽에서 조각가보다 화가를 더 인정해주었던 것과 같은 맥락에서 이해할 수 있다. 보통 사람들은 현실과 동떨어진 것을 '멋진 것'으로 인식하는데, 일반적으로 몸은 현실을 상징하며 현실에서 우리의 몸은 늙어간다. 생각해보라. 화가는 조각가보다 몸을 덜 움직인다. 피아니스트가 드러머보다 몸을 덜 움직인다는 것과 일맥상통한다. 이런 맥락에서 클래식 음악은 댄스 뮤직보다 더 멋지다. 댄스 뮤직은 몸과 관련된다. 춤은 몸으로 추지 않는가? 트로트 음악은 어떤가? 특히 흘러간 트로트 음악은 매장의 이미지를 '아저씨 이미지'로 바꿔버릴 수 있다.

그러나 향토산물을 파는 매장에서 한국의 전통음악을 틀면 물건이 잘 팔린다고 한다. 전통음악이 '한국인에게는 한국산이 좋은 거예요'라는 주문을 발하기 때문이다. 반면, 미국의 하드록을 틀면 미국산 수입식품이 잘 팔린다고 한다. 하드록이 '아메리카 스타일 멋지지 않나요?'라는 주문을 발하기 때문이다.

매장에서는 가사가 없는 음악을 트는 것도 나쁘지 않다. 고객과 상담을 해야 할 경우 가사가 방해할 수 있어서다. 가사보다는 곡이 더 중요하다. 가사가 아무리 밝아도 곡이 어두우면 슬픈 느낌이 들기 마련이다. 말을 하는 데 있어서도 마찬가지다. 말의 내용보다는 억양, 내지 말투가 중요하다.

날씨와 시간, 계절감에 맞는
음악이 좋다

비싼 것을 팔아서 매출을 올릴 목적으로 하루 종일 클래식만 틀어 놓는 것은 별로 좋은 생각이 아니다. 전문가들에 따르면 오전에는 클래식, 정오부터 4시까지는 댄스 뮤직, 4시부터 7시까지는 조용한 음악, 그 이후에는 빠른 음악이 좋다고 한다. 리드미컬한 음악, 조금 빠른 음악이 필요한 때와 장소가 있다. 주말이나 세일 기간에는 댄스뮤직이 좋으며 평일에는 발라드가 좋다고 한다. 패스트푸드 레스토랑이라면 댄스뮤직같이 빠른 음악을 트는 것이 좋다.

나는 개인적으로 힙합 뮤직을 좋아한다. 주로 리듬으로만 이루어진 음악이기 때문에 대단히 리드미컬하다. 음악의 3요소는 리듬·멜로디·하모니인데, 이중에서 리듬은 음양의 변화와 확실하게 연관된다. 멜로디도 음악에 있어서 중요하지만 리듬이 있어야 흥이 나지 않는가? 음양의 변화가 확실해야 지루하지 않다.

사람은 긴 인생을 산다. 긴 인생을 살지만 그다지 지루하게 느끼지 않는 것은 밤과 낮이라는 음과 양이 있기 때문이다. 하루를 사는 것이지 긴 인생을 사는 것이 아니다.

리듬을 만들기 위해서는 비트, 즉 박자가 필요하다. 박자拍子의 박拍은 '치다' 라는 의미를 가지고 있다. 리듬을 위해서는 드럼이나 북 같은 타악기가 이용된다. 가장 확실히 양과 음을 구분 짓는 악기가 타악기이기 때문이다. 말하자면 타악기는 디지털적이고 관악기나 현악기는 아날로그적이다. 북을 치는 것은 1이며 북을 치지 않는 것은 0이다.

심장은 어떤 악기라고 할 수 있을까? 심장은 리드미컬하기 때문에 비트, 즉 박자가 있다. 심장은 일종의 타악기다. 흔히 심장이 박동搏動한다고 말하거나 고동鼓動 친다고 말하지 않는가? 인디언들은 전투에 임하기 전에 심장을 빨리 뛰게 하기 위해서 북을 강하고 빠르게 친다. 북의 음양 변화가 만드는 크고 빠른 리듬에 심장의 박동은 쉽게 동화된다. 크고 빠른 북소리에 동화되어 심장이 빨리 뛰면 마음까지 동화되어 전장으로 달려갈 준비를 갖추게 된다.

공부를 할 때 음악을 들으면서 공부하는 사람들이 많다. 엄밀히 말해서 리듬의 도움을 받는 것이다. 리드미컬하고 적당히 빠른 음악을 들을 때 심장이 안정되고, 심장이 안정되면 자연히 마음이 안정되면서 차분하게 책을 읽을 수 있게 되기 때문이다.

리드미컬하고 조금 빠른 음악은 어떤 주문을 발할까? '리듬에 자신을 맡기고 편안하게 제품들을 둘러보세요. 편안하게 둘러보다 보면 의사 결정을 비교적 신속하게 내리게 될 거예요' 라는 주문을 발한다.

음악이 판매는 물론 일의 능률을 높인다

어떤 김밥집의 여사장님이 이런 말을 했다.

"저는 춤추면서 김밥을 만들어요. 손님들에게 김밥 잘라서 줄 때도 춤추는 것처럼 합니다."

물론, 이 말이 나이트클럽에서 춤추는 것처럼 춤을 추면서 김밥을 만들거나 서빙한다는 뜻은 아니다. 리드미컬한 음악에 맞춰서 동작들을 리드미컬하게 이어간다는 뜻이다. 리드미컬한 음악이 없어도 동작들이 리드미컬해지기도 한다. 춤추듯 일하는 서비스맨은 일을 즐기면서 하는 것이다. 매장에 리드미컬한 음악을 트는 것은 간과하기 쉽지만, 결코 간과해서는 안 되는 전략이다.

스타벅스 경영진은 음악의 위력을 잘 간파하고 있다. 아예 음반사를 인수해 스타벅스 커피숍에서만 들을 수 있는 음악을 제작한다. 스타벅스 커피숍에 적합한 음악을 제작하는 것이다. 전 세계 어느 스타벅스 커피숍에 가더라도 스타벅스만의 음악을 들을 수 있지 않는가?[25]

조심해야 할 것은 슬프거나 쳐지는 음악을 틀어서는 안 된다는 점이다. 가사는 조금 슬프더라도 괜찮다. 곡이 쳐져서는 안 된다. 그런 음악은 고객을 고양시키지 못한다. 사람들 저마다의 일상은 모두 무겁다. 그러니 비일상이라도 가벼워야 하지 않겠는가?

서비스에 미쳐라

월마트의 연간 보고서는 소매업에 오락이라는 요소를 가미함으로써 '재미있고 역동적인 쇼핑문화'를 만들어내는 정책에 대해 설명하고 있다. 이 정책의 목적은 쇼핑에 흥미를 추가함으로써 매장을 고객과 직원 모두가 즐길만한 곳으로 만드는 것이다.[26]

재미있고 즐거운 공간, 바로 비일상의 공간을 만들기 위해서 슬프거나 처지는 음악을 걸러내야 한다. 음악을 트는 것을 '고양'이라는 개념과 연관 지어 심각하게 인식할 필요가 있다. 예수는 음악의 힘을 알고 있었다. 때문에 제자들과 노래를 불렀다.

마지막으로 그들은 찬양의 노래를 부른 후에 올리브 산으로 나갔다.[27]

음악을 틀어라. 음악은 매출에 영향을 미칠뿐더러 직원들이 즐거운 기분으로 일할 수 있도록 돕는다. 즐거운 음악은 고객으로 하여금 심각해지지 않게 한다. 심각해지면 서비스맨을 의심하게 된다. 의심하면 '다른 데 둘러 봐야지!'라는 생각을 하게 된다.

12

모든 대화는 경쾌한 말씨와 목소리로 할 것

앞서 가사가 아무리 밝아도 곡이 어두우면 슬퍼진다고 하였다. 말의 내용은 가사에 해당하고 목소리와 억양은 곡에 해당한다. 목소리와 억양을 훌륭하게 구사하는 사람의 입에서 나오는 소리는 그 어떤 음악보다 듣기 좋다. 그런 훌륭하고 아름다운 최상의 음악을 듣고 고양되지 않을 고객이 어디 있겠는가? 사람의 목소리가 최상의 악기라는 말은 진리다.

저음의 목소리는 서비스맨에게 별로 적합하지 않다. 저음의 목소리는 고객을 고양시키기 힘들다. 톤이 높아야 고객을 고양시킬 수 있다. 분위기를 띄울 수 있어야 하는 것이다.

저음의 목소리로는 명확하게 의사를 전달하기 어렵다. 서비스맨은 고객이 한 번에 알아들을 수 있게 말해야 한다. 특히 연로한 고객에게는 의도적으로 목소리를 크게 해야 한다.

또한, 목소리에는 생기가 있어야 하고 힘이 있어야 한다. 강조해야 할 때는 강조를 해주고 끊어줄 때는 확실히 끊어주어야 한다. 그렇게 하기 위해서 제스처를 적절히 사용하는 것이 좋다. 노래 잘하는 가수들을 보라. 그들은 손동작을 적절히 구사하며 노래한다.

물론 항상 청아한 목소리를 내기란 쉽지 않다. 특히 몸이 안 좋거나 지쳐있을 때는 더욱 그렇다. 그러나 가수가 몸이 안 좋거나 지쳐있다고 아무렇게나 노래를 할 수는 없지 않는가? 디즈니랜드에서 일하는 직원들은 스스로 단순한 종업원^{Employee}이 아니라 배우^{Cast}라고 여길 수 있도록 교육을 받는다.[28] 연극을 하고 있다고 생각하게끔 직원 교육을 하는 것이다. 서비스맨들은 항상 밝은 음악과 밝은 노래만을 취급하며, 목소리와 억양을 훌륭하게 구사하기 위해 항상 미소를 지으면서 말하는 습관을 들일 필요가 있다. 연기자, 혹은 가수가 되어 보는 것이다.

예수는 말을 할 때 소금으로 간을 맞춘 것 같이 하라면서 이렇게 말했다.

"소금은 좋은 것입니다. 그러나 소금이 만일 그 힘을 잃으면 무엇으로 그것의 맛을 내겠습니까? 여러분 속에 소금을 두고 서로 평화를 유지하십시오."[29]

사도였던 바울은 이후 이런 식으로 소금에 대한 예수의 견해를 발전시켰다.

"여러분의 말을 소금으로 맛을 내어 언제나 은혜로운 것이 되게 하십시오. 그러면 각 사람에게 어떻게 대답해야 할지 알게 될 것입니다."[30]

이 두 사람의 말을 보면 미각과 청각을 비슷한 선상에서 파악했다는 것을 알 수 있다. 사람의 감각기관은 대단히 예민하다. 미각이 얼마나 발달되어 있으면 조금만 싱거워도 알아차리고 조금만 짜도 알아차리겠는가?

청각도 마찬가지다. 사람들은 말하는 사람의 기분이 좋은지, 안 좋은지를 단번에 알 수 있다. 말을 아주 조심스럽게 잘해야 한다. 사람들은 '아' 와 '어' 를 아주 잘 알아챈다. 말을 할 때 사용해야 할 소금은 '미소' 다. 아무리 어려운 이야기를 할 때도 의도적으로 미소를 지으면서 이야기를 하면 훨씬 부드러워진다. 이쪽에서 미소를 지으면서 이야기하면, 그 이야기는 딱딱하고 먹기 싫은 음식처럼 듣기 싫은 것이 되지 않는다. 아무리 맛없는 음식도 소금을 잘 쳐서 간을 맞추면 그런대로 먹을 만하게 되듯이 아무리 듣기 싫은 심각하고 딱딱한 말도 미소라는 소금을 치면 그런대로 들을 수가 있게 된다. 미소가 목소리와 억양을 좋게 만들기 때문이다.

윌리엄 제임스라는 사람은 "일부러라도 미소를 지으면 더 행복감을 느끼고 억지로라도 슬픈 표정을 지으면 더욱 슬퍼진다"고 말했다. 이와 관련해 독일의 학자들은 흥미로운 실험을 했다. 피실험자들에게 이로 연필을 물게 한 다음 입을 옆으로 벌리게 했던 것이다. 그렇게 입을 옆으로 벌린 사람들은 대개 '유쾌한 감정을 느꼈다' 고 말했다. 반면 '불유쾌한 감정을 느꼈다' 고 말한 피실험자들은 입술로 연필을 문 사람들이었다. 입술로 연필을 물려면 자연히 입술을 내밀게 된다.[31]

세상에 귀에 거슬리는 말을 듣고 싶어 할 사람이 어디에 있겠는가? 사람들은 가정에서, 직장에서 귀에 거슬리는 말을 많이 듣는다. 돈을 쓰려고 들린 매장에서까지 귀에 거슬리는 말을 들어서야 되겠는가? 서비스맨은 누구에게나 미소를 지으면서 최대한 부드럽게 이야기할 수 있어야 한다.

어떤 친구가 있다. 장난스럽게 '네네~ 알겠습니다~ 그렇게 하십시오’ 라고 말하곤 하는 친구다. 물론 장난으로 그렇게 말하는 것이라는 점을 알지만 그렇게 말하는 것을 듣고 있으면 기분이 좋아진다. 그래서 기분이 울적할 때 그렇게 말해보라고 요청한다.

그러므로 무엇이든지 사람들이 여러분에게 해주기를 원하는 것을 그대로 그들에게 해주어야 합니다. 사실, 이것이 율법과 예언자들의 글이 뜻하는 것입니다.[32]

사람이라면 누구나 상냥한 말을 듣고 싶어 한다.

Key Point

서비스맨의 강력한 무기는 맛있는 말이다. 맛있는 말을 위해서 소금이 필요하다. 소금은 미소다. 이 세상에 있는 좋은 것들 중 분명한 한 가지는 생기 있고 부드럽고 상냥한 말이다. 가수가 멋진 노래를 부르기 전에 감정을 잡아야 하듯이 나 자신의 감정을 생기 있고 행복하고 긍정적으로 만들고 나야 훌륭한 어투, 좋은 억양의 말이 나온다. 행복한 감정을 위해 미소가 필요하다. 한 마디의 말을 할 때 한 소절의 노래를 하듯 정성들여 하라. 노래 같은 말로 주위의 모든 것을 ‘up’ 시켜라.

2부

서비스의 기본은
사람과 '소통' 하는 것!

기분 좋게 **칭찬**하는 것도 **기술**이다

한 모자지간이 매장에 들른 적이 있었다. 아들은 고등학생이었다. 아들이 아버지에게 전화를 걸었다. 그리고 "아버지, 진지 드셨어요?"라고 말했다. 보통 "밥 드셨어요?"나 "식사하셨어요?" 정도로 말하는데 "진지 드셨어요?"라고 하니까 참 듣기가 좋았다.

아주 예의 바른 것 같아서 보기에 좋다고 칭찬을 하자 그 아들이 "기본이지요"라며 웃었고, 옆에 있던 어머니도 흐뭇한 미소를 지었다. 내가 했던 칭찬은 그 아들에게만 했던 칭찬이 아니라 그 가족 전체에게 했던 칭찬이었던 것이다.

대개 칭찬을 들은 고객들은 돈에 큰 신경을 쓰지 않는다. 한번은 어떤 제품을 권하면서 '돈을 떠나서 제품이 참 잘 어울리십니다' 라고 말한 적이 있었다. 그때 고객은 내게 '돈을 떠날 수 없다는 게 문제지요' 라고 했는데, 누구나 돈을 떠나기는 참 어려운 일이다. 때문에 고객들은 조금이라도 더 가격을 깎기 위해 노력한다. 특히, 소매점의 경우엔 가격을 흥정하느라 구매자와 판매자 사이에 줄다리기가 벌어지기 일쑤다. 가격 때문에 고객과 줄다리기를 벌이는 것은 매우 피곤하고 사람을 지치게 한다. 그러나 칭찬을 잘하면 이런 줄다리기에서 어느 정도 해방될 수 있다.

칭찬을 듣게 되면 사람들은 고양된다. 고상한 사람들, 영예스러운 사람으로 신분이 상승한다. 그런데 현실적인 곳으로 내려올 수 있겠는가? 값을 깎는다는 것은 현실적인 영역이다. 백화점에서 몇 십만 원짜리 옷을 살 때는 한 푼도 깎지 않는 아주머니가 재래시장에서는 단 돈 몇 백 원을 깎는 행태를 보이지 않는가?

결코 불가사의한 행태가 아니다. '고양' 이라는 개념을 이해하면 된다. 재래시장에서는 그렇게까지 자기를 고상하게, 영예롭게 포장할 필요가 없다고 생각하는 것이다. 제사에 오를 음식을 만들기 위해 장을 볼 때는 보통 값을 깎지 않는다. 비록 재래시장에서 장을 볼지라도 그러하다. 제사는 신과 관련된다. 신은 현실적인 영역에 있지 않다.

칭찬을 할 때 주의할 점은 실없는 칭찬을 해서는 안 된다는 것

 서비스에 미쳐라

이다. 그러니까 눈이 아주 작은 사람에게 눈이 아주 크다는 칭찬을 하거나, 키가 작은 사람에게 키가 아주 크다는 칭찬을 해서는 안 된다. 그런 것은 칭찬이 아니다. 놀리는 것이다. 듣는 사람으로 하여금 '지금 나를 놀리는 건가?' 하는 생각을 하게 하면 안 된다. 칭찬을 하되 그 칭찬을 증명할 수 있어야 한다.

조카와 이모가 함께 매장에 온 적이 있었다. 조카는 조금 예쁘장했지만 이모는 그렇지 못했다. 하지만 예쁘다는 칭찬을 싫어하는 여자가 어디 있겠냐는 생각에 '조카가 미인이라서 그런지 이모도 미인이시네요' 라고 말을 했다. 그러자 이모가 웃으면서 '조카는 미인이지만 이모는 미인이 아니에요' 라고 말했다.

사실 맞는 말이었다. 조카도 그다지 미인은 아니었지만, 어쨌든 나는 밀고 나갔고, 내가 했던 칭찬을 증명하기로 했다.

이모의 얼굴을 살짝 보았다. 보조개가 있었다. 그래서 '이모님은 보조개가 있잖아요?' 라고 말했다. 순간 이모의 얼굴이 활짝 펴졌다. 그 이모도 보조개 하나만큼은 처녀시절부터 자신 있었을 수 있다. 바로 그 자신 있는 부분을 칭찬해준 셈이다. 어떻게 기분이 좋지 않을 수 있었겠는가? 증명해줄 수 있는 칭찬을 해야 한다.

칭찬은 돈이 전혀 들지 않는
최고의 사은품

사은품 중의 사은품은 바로 칭찬이다. 돈이 전혀 들지 않으면서도 효과는 엄청나다. 아주 비싼 사은품보다 더 비싼 사은품이 칭찬이다. 칭찬거리를 찾기 위해 손님을 관찰하는 것이 필요하다. 어떤 사람이든 칭찬할 만한 점은 한 가지라도 가지고 있는 법이다.

사람들이 칭찬을 잘하지 못하는 것은 아첨하는 것으로 오해받을 것 같다는 생각을 하기 때문이다. '내가 왜 아첨을 해야 하는가?' 하는 생각을 하는 것이다. 사람은 누구나 오만하며 사실은 겸손한 것도 오만함의 일종이다. 아예 아무것도 모르는 사람이 다른 사람에게 굽실거리는 것은 굴종이지 겸손이 아니다. 겸손은 오만함을 넘어선 사람들이 도달하는 경지다. 마찬가지로 아무런 철학 없이 그냥 다른 사람에게 듣기 좋은 말을 하는 것이라면 그것은 아첨이다. 그러나 철학을 가지고 다른 사람에게 듣기 좋은 말을 하는 것은 칭찬이다.

사람은 누구나 자기 잘난 맛에 산다. '자기 잘난 맛'을 달리 표현하면 자존심, 자중심 등이 될 것이다. '자기 잘난 맛'은 한 사람의 삶을 지탱시켜주는 기둥이다. 그 기둥이 무너져 내리면 그 사람은 살아도 사는 것이 아니게 된다. 때문에 타인의 '자기 잘난 맛'을 공격하는 것은 죄악이다. 동료 인간으로서 그렇게 해서는 안 된다.

배가 풍랑을 만나면 어느 국적의 배든 상관없이 근처 다른 나라의 항구에 입항할 수 있다. 예컨대 비록 한국 영해에 들어와서 불법 어획을 하다가 풍랑을 만난 중국 어선이라 하더라도 한국 항구에 입항할 수가 있다. 이는 곧 자국민을 위해서다. 물론 인도적인 면도 있지만 바다에 나간 자국민 역시 언제든지 위험에 처할 수 있기 때문에, 다른 나라 사람의 위험을 나 몰라라 하지 않는 것이다.

마찬가지다. 나의 '자기 잘난 맛'이 소중하다는 것을 아는 만큼 다른 사람의 '자기 잘난 맛'도 소중하게 여길 줄 알아야 한다. 타인의 '자기 잘난 맛'을 흔드는 것이 아니라 세워주어야 한다. 다른 사람의 '자기 잘난 맛'을 세워주는 것이 바로 칭찬이다.

그러니 칭찬이 얼마나 숭고한 것인가? 어떤 대가를 바라면서 하는 좋은 말은 아첨이지만 아무런 대가를 바라지 않고서 하는 좋은 말, 타인의 '자기 잘난 맛'을 세워주는 숭고한 일을 해야 한다는 자각을 하고서 하는 좋은 말은 칭찬이다.

예수도 기분을 좋게 하는 칭찬의 위력을 잘 알고 있었다. 그는 나다나엘이라는 사람이 "'나사렛'에서 무슨 선한 것이 날 수 있느냐"라고 예수의 고향에 관해 매우 얕보는 질문을 한 사실을 잘 알고 있었지만 나다나엘에 대해 이런 칭찬을 하였다.

그러나 나다나엘은 그에게 말하였다.

"나사렛에서 무슨 좋은 것이 나올 수 있겠습니까?"

빌립은 그에게 "와서 보시오" 하고 말하였다. 예수께서는 나다나엘이 자기에게로 오는 것을 보시고 그에 관하여 말씀하셨다.

"보십시오. 확실히 이스라엘 사람입니다. 그 속에는 속이는 것이 없습니다."[1]

서비스맨이 고객에게 드릴 수 있는 최고의 사은품은 바로 칭찬이다. 돈이 전혀 들지 않으면서도 효과는 엄청나다. 칭찬하기 위해 고객을 관찰하고, 고객에게서 칭찬거리를 찾아라! 누구에게나 한 가지씩은 칭찬거리가 있기 마련이다.

마음에 쏙 드는 이성을 만난 듯이 대시하라

서비스맨이 남자일 경우 예쁜 아가씨 고객이 오면 약간 '오버' 하게 된다. 오버하지 않으려고 하면서 냉정하게 대하는 경우도 있는데, 사실은 그것도 오버다. 예쁜 아가씨 고객이 오면, 그녀가 이것저것 물어보느라 시간이 지체되어도 싫어하기는커녕 더 좋아한다. 더 오래 그 아가씨 고객과 이야기하고 싶기 때문이다. 뿐만 아니다. 그 여성고객이 구매결정을 비교적 빨리 했다고 생각되면, 서비스맨이 먼저 다른 제품을 보여주며 고객의 결정과 선택을 유보시키기도 한다. 역시 더 오래 이야기하고 싶어서다.(여자 직원이라면 멋진 남자 고객이 왔을 때 그런 반응을 보일 것이다.)

흑심이나 저의를 가지고 있는 것인가? 그렇지 않다. 사람이기 때문에 이성에게 더 호감을 가지는 것은 당연하다. 가족 간에도 이런 점은 적용된다. 어머니와 아들의 관계, 아버지와 딸의 관계 등을 이런 관점으로 보기도 하지 않는가? 굳이 프로이드를 언급하지 않더라도 이해할 수 있는 부분이다.

이런 이성에 대한 호감을 비즈니스에 접목시켜보자. 서비스맨은 고객을 애인이라고 생각하고 대할 수 있다. 동성 고객이라면 친구라고 생각하면 된다. 나이 차이가 좀 나도 상관없다. 초등학교 3학년 여학생이 매장에 온 적이 있었다. 이 제품 저 제품에 관심을 가지는 모습이 너무 귀여웠다. 장난기를 섞어서 "꼬마가 뭘 알까?"라는 말을 던져봤다. 그러자 "저도 숙녀에요"라고 대답했다. 참 많이 웃었던 기억이 난다.

중요한 것은 말이 통한다는 것이다. 아무리 나이가 많은 할머니도 마음은 젊었을 때와 똑같다고 하지 않는가? 초등학교 2학년 남학생과도 친구가 될 수 있다는 것을 느꼈다. "너는 사랑이 뭐라고 생각하냐?"고 묻자 초등학교 2학년생이 "좋아하는 거요"라고 대답했다. 꼬마가 귀엽고도 우스운 생각이 들어 이번에는 "그럼 너는 좋아하는 여자 있어?"라고 물었다. 그러자 "몰라요" 하면서 대답을 머뭇거리는 게 아닌가. 웃으면서 "좋아하는 것과 사랑하는 것이 어떻게 다른지 알아야지!"라며 말을 접었다. 물론 초등학교 2학년생으로서는 마지막 말을 이해하지 못했을 것이다. 하지만 친구가 되기엔 그 정도도 충분하지 않는가?

자기보다 어린 사람들을 애인이나 친구처럼 대하는 것은 쉽지만, 나이가 더 많은 사람들을 애인이나 친구처럼 대하는 것은 어려운 일일 수 있다.

그런데 나이가 들수록 나이 어린 사람들을 좋아하기 마련이다. 어렸을 때는 연상을 좋아했던 사람도 나이가 들면 보통 연하를 좋아한다. 늙는다는 것이 싫기 때문이다. 예상 외로 어쩌면 나이 많은 고객에게 다가가기가 더 쉬울 수 있다. 나이 많은 고객도 어린 사람을 좋아할 것이기 때문이다. 고객을 애인이나 친구로 여기게 되면 동료 직원과의 사적인 대화나 사적인 전화통화, 혹은 인터넷 서핑 때문에 매장에 들어선 고객을 소홀히 맞이하는 우를 범하지 않게 된다.[2] 반가운 애인이 왔는데 어찌 본체만체하겠는가?

혹시 전화를 하다가 고객이 들어오면 바로 '다음에 전화드리겠습니다' 하고 끊어야 한다. 몇 초가 중요하다. 친구와 전화를 하고 있을지라도 '제가 다시 전화 드리겠습니다' 하고 끊어야 한다. 그래야 고객이 '아, 무슨 업무상 전화를 했나보다. 그럴 수도 있지'라고 생각할 것이기 때문이다.

매장에 있던 서비스맨이 '어! 전화할게' 라며 끊었다고 해보자. 기분이 상한 고객은 시니컬하게 '만날 잡담이나 하는 모양이군!' 이라고 생각할 수도 있다. 고객이 아니라 연인이나 친구가 전화통

화 중에 왔고, '어! 전화할게' 라며 전화를 끊었다고 해보자. 연인
이라면 그 즉시 의심스런 말투와 눈초리로 "누구야?"라고 되묻지
않을까? 속으로는 '딱 걸렸어!' 라고 생각할지도 모른다. 설령 친
구라고 해도 그렇다. 친구는 애인보다 나를 더 잘 이해해주겠지
만, 그렇다고 해서 친구가 왔는데 "어, 어서와! 길 안 막혔어?"라
고 따뜻하게 물어보는 대신 계속 전화통화만 하고 있다면 어떻게
되겠는가. 친구도 살짝 기분 상할 수 있다.

누구나 자기를 좋아하는
사람에게 호감을 느낀다

고객이 매장에 들어올 때는 신속히 일
어나야 한다. 그리고 아주 반가운 표정을 지어야 한다. 애인이, 혹
은 친구가 예고 없이 나타났는데 힘겹게 천천히 일어나면서 무표
정하다면 애인이나 친구가 어떻게 생각하겠는가?

백화점에 가보면 고객이 있든 없든 직원들이 매장 입구에 서 있
는 것을 보게 된다. 아주 바람직한 모습이다. 고객이 오면 일어날
필요도 없이 바로 서서 맞이하겠다는 것이다.

일반 매장의 경우 서비스맨이 하루 종일 서 있기는 힘들기 때문
에 고객이 없을 때는 앉아서 쉴 수도 있다. 그러나 고객이 매장에

들어올 때 '더 편하게 앉아 있어야 하는데 귀찮다' 라는 생각을 하면서 천천히 일어나서는 안 된다. 바로 일어나야 한다.

"당신의 태도나 대화 자세 또는 모습에서 '이 귀찮은 일이 빨리 끝났으면' 하는 낌새를 알아차리게 되면, 고객들 역시 거래를 그냥 끝내야겠다는 생각을 하게 된다."[3]

고객을 적극적으로 대해야 한다. 서비스맨이 고객에게 적극적이지 않을 때는 상처받기 싫다는 생각을 잠재적으로 하기 때문이다. 너무 적극적으로 대하다가 고객이 구매하지 않고 그냥 가버리면 너무 큰 실망감을 느껴 상처받을까봐 걱정되어 소극적으로 대하는 것이다.

단지 상처받는 것이 두려워 자존심을 세우고, 애인이나 친구에게 최선을 다하지 않는 사람이 있다고 해보자. 그게 과연 옳은 생각이고 바른 행동인가? 아니, 그런 바보 같은 사람에게 애인이나 친구가 있을 수 있을까? 고객을 대하는 서비스맨의 태도 또한 마찬가지다. 고객에게 최선을 다해야 하고 최대한 적극적이어야 한다.

사람들은 누구나 서비스를 받을 때는 왕, 또는 왕비이고 싶어 한다. 고객은 '나를 담당하는 전속직원' 이나 '나만을 위한 고정 자리가 있었으면…' 하고 바란다.[4] 애인에게 있어서 만큼은 누구나 왕자, 공주이고 싶고 애인이 운전하는 차의 옆자리는 나의 고정석이길 바라는 것과 똑같은 심리다.

고객을 애인으로, 혹은 친구로 대하라. 반대로 애인이나 친구를 사귈 때 고객에게 서비스를 한다고 생각하는 것도 괜찮다. 서비스맨은 상처받을 것을 겁내지 않는다. 고객에게 자존심을 세우는 서비스맨은 진정한 서비스맨이 아니다. 진정한 서비스맨은 사랑할 줄 알기에 사랑을 많이 받게 된다. 진정한 애인과 진정한 친구들에 둘러싸이게 된다. 예수도 그랬다. 누구에게나 친절해 죄인들의 친구라도 오해받을 정도였다.

'사람의 아들'은 와서 먹고 마시니, 사람들은 '보라! 탐식하고 술에 빠진 사람, 세금 징수원들과 죄인들의 친구다' 하고 말합니다. 그렇지만 지혜는 그 일에 의해서 옳다는 것이 증명됩니다.[5]

사람들은 누구나 자기를 좋아해주는 사람에게 관심과 호감을 느낀다. 고객에게 친구나 연인이 된 듯이 적극적이고 따뜻하게 대하라. 상처받는 것이 두려워 고객에게 최선을 다하지 않는 것은 서비스맨의 자세가 아니다. 한발 더 나아가 사랑하는 가족들은 물론 애인, 친구를 항상 서비스맨의 자세로 대하여 보라. 모든 관계에 사랑이 충만하고 돈독해질 것이다.

환한 미소는 강력한 서비스 무기다

부드러운 말투와 함께 언급했던 것이 미소였다. 미소를 확장시키면 웃음이 될 수 있을 것이다. 미소의 소(笑)는 웃을 소 아닌가? 웃음을 유발시키는 유머도 웃음이라는 범주에 포함시킬 수 있다.

정도의 차이가 있지만 고객은 겁을 내면서 매장에 들어온다. '이 가게는 물건을 대체로 싸게 파는 가게일까?' '바가지 쓰면 안 되는데, 바가지 씌우는 집은 아닐까?' '주인은 친절할까? 혹시라도 친절하지 않은 주인에게 이상한 말을 들어서 상처 입는 것은 아닐까?' 등등의 걱정을 하면서 매장 안에 들어서는 것이다.

따라서 서비스맨은 매장을 찾은 고객을 환하게 웃으며 맞이할 필요가 있다. 햇살 같은 미소를 지으면서 인사해 고객을 안심시키는 것이다. '나는 지금 기분이 아주 좋은 상태입니다. 그리고 원래 친절한 사람입니다. 다른 사람에게 상처주는 사람이 아닙니다' 와 같은 메시지를 보내야 한다.

'뭐가 그리 재미있으세요?' 라고 물어볼 정도로 고객을 환하게 미소 지으면서 맞이해보라. 아무리 큰 걱정을 하고 있는 사람도 웃는 사람과 함께 있으면 잠시나마 걱정을 하지 않게 된다.

가족 중에 항상 웃는 사람이 있는 것과 없는 것의 차이는 정말 크다. 나는 아주 낙천적인 아버지를 두었다. 그런 아버지 덕분에 정말 힘들었을 때 많은 힘을 얻을 수 있었다. 마음이 흔들릴 때마다 전화를 드렸고, 그때마다 긍정적이고도 낙천적인 이야기를 들을 수 있어 큰 위로와 용기를 얻었다.

웃음은 곤란한 상황을 쉽게 넘길 수 있게 해준다. 예전에 애프터서비스를 받기 위해 한 고객이 매장에 들른 적이 있었는데, 제품을 고치다가 그만 부러뜨리는 우를 범하고 말았다. 사실을 말하자면 겉으로만 멀쩡할 뿐 그 제품은 이미 골병이 들어 있는 상태였다.

하지만 어쩌겠는가. 고객의 입장에서 보면 고쳐달라고 했더니 부러뜨려 놓은 것이었다. 어이가 없어진 나는 그냥 피식 웃어버렸다. 옛말에 웃는 얼굴에 침 못 뱉는다고 하지 않던가. 그 고객은 이렇게 말했다.

"고쳐 달라고 하니까 부러뜨리면 어떻게 해요?"

여기에 내가 웃으며 화답했다.

"잘해보려고 했는데 골병이 들었는지 부러졌네요. 그냥 이번 기회에 좋은 것 하나 사시지요? 장사가 안 돼서 하나 팔려고 그런 건 아닌데 결과적으로 그렇게 됐네요."

그러자 그 고객도 웃으면서 그냥 새 제품을 하나 사갔다. 물론 대폭 할인을 해주었다. 하지만 그 상황에서 '원래 골병이 들어 있었기 때문에 살짝 건드렸음에도 불구하고 부러진 것이라'고 시비를 가리는 식으로 웃지도 않고 얘기를 했다면 어땠을까? 아마 그 고객도 끝까지 누가 잘못한 것인지를 따졌을 것이다. 그렇게 따지기 시작하면 좋은 관계가 유지되기 어렵다. 결국 깨진다.

웃음이

행운을 부른다

간혹 막무가내로 클레임을 거는 고객들이 있다. 그런 고객들을 상대할 때는 더욱 '웃음 보호막'을 쳐야 한다. 억지로라도 웃어야 한다. 상대방도 내가 억지웃음을 웃고 있다는 것을 알겠지만 그렇게 해야 하는 이유는 상황을 좋게 만들기 위해 많은 노력을 기울이고 있다는 것은 상대방이 알게 되기 때문이다.

한번은 약주를 조금 하신 50대 남자분이 오셨다. 고객 부주의로 인해 제품에 이상이 발생한 경우였는데, 그 남자 고객은 고쳐놓으라고 하면서 그냥 나가려고 했다. 나는 일반적으로 애프터서비스를 할 수 있는 한계를 넘은 것이라는 취지의 이야기를 했다.

처음에는 웃으면서 이야기했다. 하지만 약주를 조금 하신 그 고객은 눈을 크게 뜨시면서 도전적인 표정을 취하셨다. 그때 나는 웃음 보호막을 쳤어야 했다. "그냥 새로 하시지요? 저희도 먹고 살아야 될 것 아닙니까?"와 같은 멘트를 유머러스하게 날렸다면, 그리고 그 유머가 통했다면 '그렇게 하지 뭐!' 와 같은 반응을 이끌어 낼 수도 있었을 것이다.

하지만 불행히도 그 당시 나는 웃음 보호막을 치지 못했다. 그만 굳은 얼굴을 하고 말았다. 물론 어떤 대꾸도 심하게 하진 않았지만, 굳은 얼굴로 그분 얼굴을 빤히 쳐다본 것은 서비스맨에게 어울리지 않은 자세였다. 서비스맨은 어떤 경우도 웃음 보호막을 걷으면 안 된다. 웃음은 현실의 짜증나는 일들을 사소하게 보게 만드는 힘이 있다.

이런 유머를 전략적으로 활용하는 기업들이 있는데, 대표적인 기업이 사우스웨스트 항공사이다. 이 항공사는 다른 항공사에서 볼 수 없는 여러 가지 엔터테인먼트를 제공한다. 가령 이런 것이다.

“당사는 비행 중에 절대 금연입니다. 흡연할 경우 어떻게 되는지 여러분이 더 잘 알고 계시리라 믿습니다. 날개 위로 올라가 그 유명한 ‘바람과 함께 사라지다’를 체험하게 될 것입니다.”[6]

이런 유머러스한 안내 멘트를 들은 승객들은 비행기 여행이 주는 긴장감에서 잠시나마 벗어날 수 있지 않을까.

예전에 북유럽을 여행한 적이 있었다. 핀란드에서 스웨덴으로 오는 배를 타야 했는데 그날따라 단체로 여행을 떠나는 학생들 때문에 여객선 터미널이 만원이었다. 배가 도착하자 인산인해를 이루었다. 유럽인들이라 한 줄로 서서 들어갈 줄 알았는데, 예상과 달리 떼거지로 움직이는 모습이 연출되었다.

겨울이었지만 실내였고 또 사람들이 많았기 때문에 후텁지근했다. 땀에 흥건히 젖다시피 했다. 그런데 어디선가 음악 소리가 들려왔다. 출구와 가까운 계단에서 터미널 직원 세 명이 음악을 연주했다. 무슨 악기들이었는지는 기억나지 않지만 귀에 익은 음악을 세 악기가 엮어내고 있었다. 물론 연주자들은 만면에 웃음을 머금고 연주를 했다.

그 광경은 감동적이었다. 뭉클할 정도였다. 그 당시엔 왜 가슴이 뭉클했는지 그 이유를 잘 몰랐다. 하지만 지금에 와서 생각해 보니 음악이 내 짜증을 녹이고 웃음이 햇살처럼 나를 비추었기 때문인 듯하다. 우리 삶에 그 음악과 같은 역할을 하는 것이 바로 유머, 웃음, 미소라고 할 수 있다.

서비스맨에게 미소와 웃음은 무기다. 매장을 방문하는 고객은 물론 클레임을 거는 고객에게까지 미소 띤 얼굴로 응대하라. 웃음은 곤란하고 난처한 상황을 행운의 기회로 바꿀 수 있는 마법의 비즈니스 기술이다.

단골고객을 만드는 인사의 법칙! 04

고객은 겁이 많고 쉽게 상처받는다는 것을 염두에 두면 '인사'에 많은 주의를 기울여야 한다는 결론에 도달하게 된다. 대부분의 사람들은 어느 정도 자격지심을 가지고 있다. 아주 돈이 많은 사람들이 얼마나 되겠는가? 한정된 예산을 가지고 매장에 오는 사람들이 대부분이다. 때문에 '너무 예산이 적은 게 아닌가?' 하면서 걱정을 하게 될 수밖에 없다.

서비스맨이 조금만 사려 깊게 인사를 하지 않으면, 고객은 당장 소외감을 느끼게 될지도 모른다. 고객이 문을 열고 들어오는 순간 '안녕하세요!' 라고 맑고 크게, 그리고 정성을 다해 환영의 인사를 해보자. 고객의 스트레스까지 감소된다.

매장에 들어설 때 고객은 친숙하지 않은 영역으로 들어선 것이다. 때문에 그들이 불편함을 느끼는 것은 당연하다.[7] 하지만 정성이 가득한 인사를 받은 고객은 그렇지 않은 고객보다 구매하지 않고 나갈 확률이 훨씬 더 낮다.

그런데 모든 직원이 고객과 상담 중일 때, 새로운 고객이 매장에 들어온다면 어떻게 할 것인가? 장사를 하다보면 이런 경우는 매우 흔하다. 무작정 고객을 기다리게 방치해둘 것인가?

상담하는 중에 새로운 고객이 오면, 직원으로서는 순간 자신이 하던 일을 방해받는다고 느낄 수 있다. 그러나 인식을 바꿔야 한다. 새로운 고객은 방해꾼이 아니라 돈을 벌게 해주는 고마운 존재다.

새로운 고객이 매장에 나타나면 비록 상담 중이었을지라도, 혹은 바쁘게 다른 일을 하던 중이었을지라도 새 고객을 기쁘게 맞이해 환영의 뜻을 명확히 전달해야 한다. 대체로 요즘 사람들은 기다리는 것을 싫어한다.

기분이 즐거워지는
고객맞이 인사

고객을 맞이하는 환영인사는 업종이나 매장 분위기에 따라 상당히 다를 수 있다. 어떻게 정성을 다해 환영인사를 할 것인가? 예컨대 아이스크림 전문점이라면 발랄한 분위기를 연출할 필요가 있기에, 인사를 할 때 목소리 톤을 약간 높이는 것이 좋다. 헤어숍 같은 경우나 레스토랑 같은 경우는 목소리 톤을 약간 낮추는 것이 좋다.[8]

서비스맨의 인사는 어떤 매장이냐에 따라 그 톤이 달라져야 하지만, 어떤 경우든 인사를 할 때는 반드시 고객과 눈을 맞추어야 한다. 어떤 매장에 들어갔는데 직원들이 너무 바쁜 나머지, 자기 일을 하면서 눈도 맞추지 않고 '어서 오세요!' 혹은 '안녕하세요!' 라고 인사를 했다고 치자. 그러면 고객들은 자동적으로 '기계적으로 인사하는구나!' 라는 생각을 하게 된다. 눈 맞춤은 강력한 의사소통의 도구이다.[9] 인사를 할 때 고객의 눈을 봐야 한다. '눈 맞았다' 는 말도 있지 않은가. 눈이 맞으면 그만큼 가까워진다.

무술을 배울 때도 제일 처음 인사를 배운다. 양손을 모은 다음 아랫배 위에 올려놓고 일정한 각도로 허리를 숙이는 인사가 격식에 맞는 인사다. 어떤 기업에서는 지구가 자전축을 중심으로 23.5도 기울어진 것에서 착안, 허리를 23.5도로 기울여 인사하게 했다고 한다. 어쨌든 중요한 것은 허리를 일정한 각도로 숙여 절도 있게 인사해야 한다는 점이다.

무술을 하는 사람들은 대개 격식을 차려서 인사하는 정도를 보고 '이 사람, 운동 좀 했나?' 하는 생각을 한다. 격식을 차려서 인

사하는 사람을 어떻게 가볍게 볼 수 있겠는가? 마찬가지다. 고객
이 왔을 때 정성을 기울여서 인사를 하면, 고객 역시 이쪽을 함부
로 여기지 못한다.

일반적으로 여자들은 남자들보다 격식을 차려서 인사하는 것에
서툴다. 도도한 아가씨에 대한 로망이 있어서 그런지는 모르지만
실제로 그러하다. 그냥 대충 고개만 까딱하고 마는 여자들이 많
다. 진짜 인사는 고개로 하는 것이 아니다. 허리로 하는 것이다. 고
개만 까딱하는 식의 인사를 하면 오히려 고객에게 무시를 당하기
쉽지만, 정성을 기울여서 허리로 인사를 하면 고객에게 절대 무시
당하지 않는다.

고객은 정성 가득한
인사를 기억한다

환영과 짝을 이루는 것이 환송이다. 환영인사가
중요한 만큼 환송인사도 중요하다. 오히려 더 중요할지도 모른다.
항상 시작보다 끝이 중요하기 때문이다.

서비스맨은 고객이 왔다가 갈 때 문을 열어주면서 배웅을 해줘
야 한다. 그냥 카운터 근처에서 '안녕히 가십시오' 하는 것은 올바
르지 않다. 집에 왔던 손님이 돌아갈 때 문 밖까지 나가 배웅하지

 서비스에 미쳐라

않는가? 아파트에서 사는 경우는 아파트 아래까지 내려가서, 차를 타고 갈 때까지 바라봐주기도 한다. 그게 배웅이다. 그렇게까지 하지 못할 경우 미안한 마음을 실어서 '멀리 안 나가겠습니다' 라고 말하는 게 예의다.

만약에 피치 못해 문을 열어줄 상황이 안 된다면, 고객이 문을 열고 나가기 직전에 반드시 '안녕히 가십시오' 라는 말을 다시 한 번 더 해야 한다. 사람은 누구나 소외받는 느낌을 좋아하지 않기 마련인데, 문을 열고 바깥으로 나갈 때 고객은 순간적으로 소외감을 느낄 수 있다. 때문에 서비스맨은 행여 고객이 그런 기분을 느끼지 않도록 세심하게 배려할 필요가 있다.

고객과 거래를 성사시키고 돈 계산까지 다 끝낸 상황에서 또 다른 손님이 들어오는 것이 가장 이상적이다. 그러나 보통 그런 이상적인 상황은 자주 연출되지 않는다. 아직 이전 고객과의 거래가 완전히 끝나지 않은 상황에서 다른 고객이 들어오기 일쑤다. 매장의 직원들이 적은 경우는 이럴 때 특히 아주 사려 깊어야 한다. 돈 계산이 끝난 상황이라면 이제 퇴장할 손님보다는 새로 등장한 손님에게 더 큰 주의를 기울여야 하는 것은 당연하다. 그러나 너무 티 나게 하면 퇴장하는 손님이 언짢을 수 있다. 씁쓸한 웃음을 지으면서 속으로 '그래, 돈 계산 끝났단 말이지!' 라고 생각할 수 있다. 때문에 서비스맨은 카운터에서 '안녕히 가십시오' 라는 말을 하고 난 후, 새로운 손님과 상담을 하면서도 퇴장하는 손님에게서 주의를 완전히 거두면 안 된다. 곁눈으로 퇴장하는 손님이 문 앞에 다다른 것을 확인하면, 다시 크고 맑은 소리로 '안녕히 가십시오'라고 해야 된다.

'안녕히 가십시오'라는 환송의 인사를 하기 전에 "고맙습니다"라을 말을 하는 것이 효과적이다. 최근 조사에 따르면 사업적 거래의 마지막 부분이 고객 충성도를 형성하는데 가장 중요하다고 한다. '감사하다'는 말보다 고객과의 거래를 더 잘 마무리할 수 있는 말이 대체 무엇이겠는가?[10] 이용해주어서 고맙다는 뜻을 전달할 필요가 있다. 서비스맨은 인사를 받는 것을 좋아해서는 안 된다. 인사를 하는 것을 좋아해야 한다. 예수는 이런 말을 했다.

"장터에서 받는 인사와 사람들에게 랍비라고 불리는 것을 좋아합니다. 그러나 여러분은 랍비라고 불리지 마십시오.[11]"

Key Point

들어오고 나가는 고객에게 인사하는 행위를 허투루 여기지 마라. 사소해보이지만 정성스런 인사 하나가 꽁꽁 닫힌 고객의 마음을 열어젖힌다. 매장에 들어 설 때는 '환영받고 있다'는 느낌을 줄 수 있도록 신경 써야 하며, 고객이 거래를 마친 후 돌아갈 때는 소외감을 느끼지 않도록 세심히 배려해야 한다.

누구나 '특별한' 사람이길 욕망한다

왜 많은 사람들이 명품을 좋아할까? 유행을 타지 않고 튼튼하기 때문에? 아니면 다른 사람들이 명품을 알아보고 '돈 좀 있나 보다' 여겨주기 때문에? 모두 다 맞는 말일 수 있지만, 사람들이 명품을 선호하는 데는 더 본질적인 이유가 있다.

명품을 간단하게 풀이하면 '명성 제품' 정도가 될 것이다. 명성이 있는 제품이라는 것이다. 명성은 '세상에 널리 퍼져 평판 높은 이름'을 의미한다. 이름값 때문에 명품을 좋아하는 것이다.

사람은 이름에 집착하게 되어 있다. 왜 그럴까? '이름이 문화의 시작'이라는 말이 있다. 거칠게 말하는 것이 허용된다면 문화는 정신적인 것이고 문명은 물질적인 것이다. 사람은 중간자로서 물질적이기도 하지만 또한 정신적이기도 하다. 물질은 보이고 정신은 보이지 않는다. 정신을 이용해 보이지 않는 것을 볼 수 있기 때문에 인간이 많은 것을 생각할 수 있는 것 아니겠는가? 사람이 동물과 달리 지혜로울 수 있는 것, 지식을 축적할 수 있는 것은 결국 인간에게 보이지 않는 정신이 있기 때문이다.

정신의 핵심에는 무엇이 있는가? 비유가 있다. 비유는 인간이 보이지 않는 것을 생각하는 방법의 핵심이다. 비유의 사전적 의미는 '어떤 사물의 모양이나 상태 등을 더욱 효과적으로 표현하기 위하여 그것과 비슷한 다른 사물에 빗대어 표현함, 혹은 그 표현 방법' 이다.

처음으로 뉴욕에 갔다고 해보자. 넓고 복잡한 뉴욕을 한눈에 볼 수 없기 때문에 헤맬 수밖에 없다. 효과적으로 뉴욕을 표현하는 것, 뉴욕을 한눈에 볼 수 있게 하는 무엇인가가 있다면 헤맬 필요가 없을 것이다.

요컨대 뉴욕의 지도가 있으면 된다. 뉴욕 지도는 뉴욕을 한눈에 볼 수 있게 하는 뉴욕의 비유다. 뉴욕이 처음인 사람도 독도법에 능하다면, 즉 지도라는 비유에 익숙하다면 엠파이어스테이트 빌딩이라든지 월 스트리트가 어디 있는지 금방 알 수 있지 않겠는가?

이름도 비유다. 외국어를 배울 때 문법은 무시한다 하더라도 단어들은 많이 알아야 한다. 이름이 언어의 핵심이기 때문이다. 사물이나 사람에 붙인 이름은 명사다. 동작에 붙인 이름은 동사다. 음식을 먹는 동작을 포착하여 이름을 붙인 것이 '먹다' 이다. '먹다' 는 동사지만 달리 표현하면 동작의 이름이다.

'이순신' 이라는 이름 또한 마찬가지다. 이순신은 임진왜란으로부터 조선을 지켜낸 명장이다. 실체인 이순신 장군은 이미 죽었기 때문에 볼 수 없다. 효과적으로 이순신을 표현한 무엇, 이순신을 한눈에 볼 수 있게 하는 무엇인가가 필요하다. 그것이 바로 '이순신' 이라는 이름이다. 한눈에 볼 수 있게 효과적으로 표현한 것이 비유라면, 이름은 비유다. 그리고 이름은 언어의 핵심이다.

고객이 명품에 끌리는 이유, 명품으로 매장의 품격을 높인다

언어의 핵심인 이름이 비유이기 때문에 언어나 문자는 비유이며 언어체계나 문자체계도 비유체계다. 국어, 영어, 수학, 한문 등을 잘하면 어떤 시험을 봐도 좋은 성과를 거둘 수 있으며, 사회에서 좋은 직장을 구할 수 있다. 국어, 영어, 수학, 한문은 언어체계이면서 비유체계이기에 공부의 왕도는 비유의 달인이 되는 것이다.

비유에 익숙해지면 현실의 세계가 아닌 비유의 세계에서, 볼 수 없는 부분까지 볼 수 있게 되기 때문에 많은 것을 알 수 있게 된다. 비유의 세계는 가상의 세계, 사이버의 세계이다. 직접 경험해보지 않은 일도 책을 읽음으로써 간접적으로 경험해볼 수 있다. 요즘은 컴퓨터의 발달로 가상의 세계, 사이버의 세계가 더 확장되고 있다. '확장' 되고 있을 뿐이다.

인간이 정신을 사용하여 보이지 않는 것을 추구했을 때부터 가상의 세계는 존재했다. 그래서 동서고금을 막론하고 수많은 철학자들이 영화 〈매트릭스〉에서 이야기하고 있는 것과 비슷한 이야기를 했던 것이다. 비유가 시간과 공간을 초월할 수 있게 하는 열쇠인 것이다.

실체는 사라져도 비유는 사라지지 않는다. 비유는 영원, 불변, 완전의 세계에 존재하며, 이름 역시 비유이기 때문에 그러한 세계에 존재한다. 인간이 정신적인 존재이기 때문에 비유에 집착하고 이름에 집착하며, 영원불변하고 완전한 세계를 동경하는 것이다.

사람들이 명품을 좋아하고 프렌차이즈 매장에 고객이 몰리는 이유가 여기에 있다. 사람들은 소득수준이 올라갈수록 브랜드에 관심을 가지게 된다. 사람은 물질적인 하위 욕구가 어느 정도 충족되면 정신적인 상위 욕구를 추구하게 되기 때문이다.

프렌차이즈 매장을 오픈하려면 로열티를 내야 한다. 로열티를 낼 수 있다면 내도록 하라. 그만한 가치가 있는 경우가 많다. 로열티를 내기 싫다면 자신이 브랜드를 하나 만들어야 한다. 자신의 철학을 담은 멋진 브랜드를 만들어서 특허청에 등록을 한 다음 그 것을 사용하는 것이다.

나는 '아쉬데' 라는 브랜드를 가지고 있다. 특허청에 출원한 지 1년 만에 이 서비스표에 대한 권리를 취득했다. 아쉬데는 프랑스 어다. 프랑스어로 HD를 아쉬데로 발음한다. HD는 무엇의 이니셜 인가? 헤어디자이너Hair Designer의 이니셜이다. 또한 헤어드레서Hair Dresser의 이니셜이다. 그리고 헤어닥터Hair Doctor의 이니셜이다. 눈치 챘겠지만 '아쉬데' 는 헤어숍의 브랜드다. 이 헤어숍에는 미용사들 이 없다. 대신 아쉬데들이 있다. 제일 보편적인 아쉬데들이 헤어 디자이너 아쉬데들이다. 그 위에 헤어드레서 아쉬데들이 있다. 그 리고 최상위에 헤어닥터 아쉬데가 있다. 헤어디자이너 아쉬데는 고객의 머리에만 관심을 집중한다. 헤어드레서 아쉬데는 고객의 패션과의 조화까지 고려해서 머리를 매만진다. 마지막 헤어닥터 아쉬데는 고객의 정신 건강까지 고려하면서 머리를 매만지는 것 이다.

서비스는 고객의 정신 건강까지 책임지는 것이고, 고객의 정신 까지 치유하는 것이라는 철학을 담은 브랜드이다. 아쉬데들이 있 는 아쉬데로 고객들을 오게 하고 싶다는 생각을 하는 사람들이 있 다면 그런 사람들과 이 브랜드를 공유하려고 한다.

이렇듯 자신이 브랜드를 만들면 된다. 문제는 창의적인 브랜드일 경우 인지도가 낮다는 데 있다. 사람들에게 자신의 브랜드를 알리는 데 많은 시간과 노력을 들여야 할 것이다. 그러자면 시간과 돈이 많이 든다. 그러나 처음에는 어려울지라도 나중에는 더 큰 보람을 얻을 수 있다. 다른 사람의 이름을 빌린 것이 아니라 자신만의 이름이기 때문이다.

스타벅스를 세계적인 기업으로 키운 하워드 슐츠는 이렇게 말했다.

"스타벅스 상표는 값으로 환산할 수 없을 만큼의 가치 있는 자산이다. 우리가 하는 모든 결정은 그것을 유지하고 차별화하는 데 기여해야만 한다."[12]

서비스맨으로서 취급하는 제품의 브랜드에도 관심을 가질 필요가 있다. 명품을 가져다놓아도 그것을 소비할 수 있는 구매층이 형성되어 있어야 하기 때문에, 자영업자들이 명품을 대대적으로 취급하기란 쉽지 않지만 그렇더라도 브랜드 제품을 취급할 필요가 있다. 팔리지 않으면 재고가 되기 십상이나 어느 정도 명품을 취급해야 매장의 수준이 올라간다. 시즌이 지나도 팔릴 수 있는 보편적인 디자인의 제품을 선택하는 센스를 발휘할 필요가 있다.

소비자들도 대개 어떤 브랜드 제품이 자신에게 맞는지 안다. 대개 그 브랜드의 제품을 구하려면 어디로 가야 하는지도 안다. 더 나아가 그 브랜드 제품에 합당한 가격도 알고 있는 경우가 많다.

절대 돈 때문에 고객과
실랑이하지 말 것

혹시 제품의 가격 때문에 고객과 흥정이 붙었다면, 가능한 한 짧게 끝내라. 매장에서 고객과 돈 때문에 옥신각신하는 것은 별로 바람직하지 않으며, 만약 그럴 경우엔 가격보다 제대로 된 제품인지 아닌지에 의미를 두고 이야기의 초점을 맞출 필요가 있다. 내 경우엔 이런 말을 유효적절하게 사용한다.

"옷도 오래 입을 수 있는 게 있고 일 년 지나면 입을 수 없는 게 있지 않습니까? 비싸고 싸고를 떠나서 오래 사용할 수 있느냐가 중요합니다. 브랜드 제품의 경우엔 비교적 오래 사용할 수 있다는 장점이 있습니다. 회사가 쉽게 문을 닫거나 하지 않기 때문에 AS도 믿을 수 있고요."

"요즘 사람들은 브랜드를 알아봅니다. 또 괜찮은 브랜드의 제품은 대개 그만한 값을 합니다. 살 때는 비싼 것 같지만 결국 따지고 보면, 오히려 싸게 먹히는 것 같아요."

그러면 대부분의 고객들은 고개를 끄덕이며 순순히 수긍한다. 이런 맥락에서 서비스맨은 고객이 가격에 대해서 묻지 않는 이상 가격이 얼마라는 이야기를 먼저 해서는 안 된다. 언젠가 장모님을 모시고 매장에 온 고객이 있었다.

당시 상당히 고가의 제품을 권한 후 '너무 비싸다고 하면 어쩌나?' 싶어서 가격이 얼마라는 것을 말했다. 나중에 말하면 '왜 이렇게 비싸요?' 하면서 놀라는 고객들이 있기 때문이었다. 그러자 그 고객이 "가격 얘기는 하지 마시고요"라고 말하는 게 아닌가.

'아차!' 싶었다. 그 고객이 추구하는 것은 값이 아니라 물건의 의미였던 것이다. 그런데 의미와는 전혀 거리가 먼 돈 이야기를 했으니, 고객의 입장에선 얼마나 생뚱맞았을 것인가. 제품에 대한 자신감, 서비스에 대한 자신감이 있다면 가격을 먼저 이야기할 필요가 전혀 없다.

서비스맨은 가격보다 제품의 장점과 특징에 대해 많은 이야기를 할 수 있도록 노력해야 한다. 열의를 가지고 설명을 할 때 고객은 '정말 괜찮은 제품인가 보다!' 하는 생각을 할 수 있다.

아무리 별 것 아닌 것 같아 보이는 제품도 자세히 관찰해보면 장점들을 발견하게 된다. 서비스맨은 그 장점들을 부각시켜주어야 한다.

서비스맨은 자신이 판매하는 제품의 특징과 장점에 대해서 잘 알고 있어야 하며, 고객의 필요와 요구에 따라 적절하게 제품을 선별하고 권할 수 있어야 한다. 하지만 매장 안에서 고객과 흥정을 벌이는 장면을 연출하는 것은 곤란하다.

06

고객을 부르는 광고의 힘

그다지 규모가 크지 않은 매장을 운영하는 자영업자의 경우 광고에 나가는 돈이 아깝게 느껴질 수 있다. 광고 효과가 즉각적으로 나타난다면 광고에 투입하는 돈이 아깝지 않겠지만 요즘은 광고 효과가 즉각적으로 나타나지 않는다.

50% 세일을 한다는 광고를 해도 소비자들에게 식상하게 느껴질 뿐이다. 그래서 프렌차이즈 매장을 운영하는 사장이라 할지라도 광고에 대한 인식이 없으면 지속적으로 광고를 하기가 어렵다. 광고에 대한 인식이 없으면 대개 본사 차원의 광고에도 최소한도로 참여한다.

광고란 무엇인가? 광고는 광범위하게 '주문'을 발하는 행위이다. 광고는 언어로 이루어진다. 전단지나 플래카드, 신문, 잡지 광고는 물론 TV 광고도 언어로 이루어지지 않는가? 언어에 민감한 인간이기에 인간에게는 주문이 필요하다는 것을 앞에서 언급했다. 간단하고 압축적인 주문을 만들어야 하는 이유는 반복적인 정신 주입이 필요하기 때문이라고 하였다.

영어든 수학이든 공부를 잘하기 위해서는 매일매일 꾸준히 해야 하듯이 광고도 꾸준히 해야 한다. 매달 하는 것이 힘들다면 두 달에 한 번, 혹은 석 달에 한 번 광고를 해야 한다.

'광고를 한다고 해서 얼마나 많은 사람들이 보겠는가?' 하는 생각을 해서는 안 된다. 이런 생각 때문에 광고를 꾸준히 하기 힘들다. 마법은 일어난다. '얼마나 많은 사람들이 보겠는가?' 하는 것은 의심이다. 말하자면 부정적인 믿음이다.

'전단지를 보지 않고 버릴지라도 쓰레기통에 버리는 찰나엔 보게 된다'라는 믿음을 가져보라. 마법이 일어나기 위해선 긍정적인 믿음이 필요하다. 아무리 작은 성공이라 할지라도 성공에는 마법과 같은 힘이 있어야 하는 법. 마법이 일어날 수 있도록 믿음의 크기를 키워라. 긍정적인 믿음이 부정적인 믿음을 이겨내야 한다.

아무리 힘들어도 '광고'를
포기할 수 없다

기네스북에 12번이나 올랐던 세계적인 자동차 세일즈맨 조 지라드[Joe Girad]는 이런 말을 했다.

"거의 모든 세일즈맨이 명함을 가지고 있다. 그러나 일 년에 500장도 사용하지 않는 사람들이 있다. 나는 일주일에 족히 500장은 소모한다. 내가 세일즈를 하는 데 있어서 단 한 가지의 도구를 사용해야 한다면 … 나는 아마도 명함을 택할 것이다. … 나는 경기장에서도 명함을 뿌린다. 열광적으로 환호하는 순간에 한 움큼씩 던진다. 운동경기 중에 사람들은 일어서기도 하고 고함지르고 흔들며 응원한다. 아마도 당신은 나의 이런 행동을 쓸데없이 경기장을 어지럽히는 행동이라고 생각할지 모른다. 그러나 만약에 그 수백 장의 명함 중에 단 한 장이라도 자동차가 필요한 사람의 손에, 혹은 자동차를 구입하려는 사람을 주위에 알고 있는 사람의 손에 들어간다면 나는 그날 하루를 가치 있게 보낸 셈이다."[13]

자영업자들은 세일즈맨들보다 자기들의 처지가 낫다는 잘못된 생각을 가지고 있는 경우가 많다. 세일즈맨들은 돌아다녀야 하고 허리를 숙여야 하지만 자기들은 가만히 앉아서 오는 고객들만 상대하면 된다고 생각하는 것이다. 착각이다. 자영업자들도 세일즈를 해야 하며 출근 전에 명함, 혹은 전단지를 뿌려야 한다. 퇴근 후에도 마찬가지다. 그렇게 하면 분명 효과가 있는데도 그렇게 하지 않는 이유는 단 하나다. 배가 덜 고프기 때문이다.

부정적인 생각은 대체로 옳다. 세상에 쉬운 일이란 거의 없기 때문이다. 어떤 일을 성공시킨다는 것이 얼마나 어려운 일인가? 굳이 말을 하지 않아도 누구나 '어렵다'는 것쯤은 다 안다. 칼로 사람을 죽일 수도 있고 음식을 만들 수도 있는 것처럼 말도 마찬가지다. 부정적인 말은 사람을 죽이는 칼이다.

긍정과 부정에 대한 개인의 믿음은 다윗과 골리앗의 싸움과 비슷하다. 골리앗처럼 거대한 부정적 마음을 다윗이 그랬듯이 긍정적인 힘으로 부서뜨려야 한다. 골리앗에게 무릎을 꿇을 것인가?

골리앗에게 맞아 죽을지언정 무릎을 꿇을 수는 없다고 외치는 사람이라면 '내일 문을 닫을지라도 오늘 전단지를 돌리겠다'는 각오를 해야 한다. 의미를 추구하는 서비스맨은 당장 돈과 관련이 없는 것 같은 광고에 힘써야 한다.

발로 뛰는
광고의 효과

광고를 하는 것을 돈이 남으면 하는 부차적인 것으로 여겨서는 안 된다. 광고는 신규 고객들을 유치하기 위해서만 하는 게 아니다. 기존 고객들에게 믿음을 심어주기 위해서 하는 것이기도 하다. 기존 고객들은 광고를 접했을 때 '아, 내가 다니는 매장에서 광고를 하는구나!' 하면서 반가워한다. 그리고 자신의 판단이 옳았다고 생각을 한다.

또한, 기존 고객이든 아니든 광고를 접했을 때 일반적으로 사람들은 '이렇게 광고를 할 여력이 있는 것 보면 뭔가 있겠지', 혹은 '이렇게 오라고 하는 곳에 가야 뭔가 얻는 것이 있겠지', 혹은 '같은 값이면 열심히 하려고 하는 사람들 것을 팔아줘야지' 라고 생각하는 경향이 있다. 우는 아이에게 젖 준다는 말이 있듯이, 고객들은 같은 값이면 광고를 하는 매장에 주의를 기울이게 되어 있다.

하지만 광고할 때 다음과 같은 사항은 유의할 필요가 있다. 보통 자영업자들이 할 수 있는 광고는 전단지 광고나 플래카드 광고가 대부분인데, 전단지 광고든 플래카드 광고든 한번에 너무 많은 내용을 담으려고 해서는 안 된다는 것이다. 주문은 간단할수록 더욱 효과적이다. 또, 전단지나 플래카드에 세일을 한다는 내용을 굳이 넣고 싶다면 표현에 주의해야 한다. 가령 '50% 세일을 한다' 는 표현보다는 '반값에 드린다' 는 표현이 더 좋다. 숫자는 추상적이라 금방 와 닿지 않기 때문이다. 그리고 반드시 명분을 내걸어야 한다. '3주년이기 때문에 20일 동안만 반값에 드린다' 는 식으로 해야 한다. 단순히 돈을 벌기 위한 전략 때문에 세일을 한다는 인상을 줘서는 안 된다. 역시 쾌락보다는 의미 추구를 해야 하는 것이다. 명분을 내세우지 않으면 괜히 고객으로부터 신뢰만 잃을 수도 있다. 고객 입장에서는 '반값에 준다면 도대체 마진이 얼마란 말이야?' 라고 생각할 위험도 있는 것이다.

발로 뛰면서 하는 광고를 대체할 만한 것은 없다. 직접 발로 뛰며 땀을 흘려야 많은 고객의 호응을 이끌어낼 수 있다. 이 사실은 실제로 증명된 바 있다. 전국 각지에 거대한 점포망을 형성한 똑같은 은행일지라도 고객을 찾아 발로 뛰는 서비스를 펼치는 지점의 영업실적이 다른 지점보다 비교할 수 없을 정도로 높았다.[14]

몸이 피곤하고 힘든 것도 있지만, 직접 발로 뛰자면 자존심을 세우기보다 겸손해져야 한다. 앞서 서비스맨의 덕목으로 낮은 자세, 겸손한 마음과 섬기는 마음을 얘기한 적이 있는데, 힘이 들 때마다 마음속으로 '나는 종이다' 라는 주문을 외워보길 바란다. 광고를 지속적으로 하느냐 안 하느냐의 여부가 잘나가는 매장과 그렇지 못한 매장을 나누는 기준이다. 기독교가 세계적인 종교가 될 수 있었던 데 발로 뛴 광고가 얼마나 큰 역할을 했는가?

이 일 후에 주께서는 다른 칠십 명을 지정하여, 친히 가시려고 했던 모든 도시와 모든 곳으로 그들을 둘씩 앞서 보내셨다. 그때에 그분이 그들에게 말씀하기 시작하셨다.

"수확할 것은 참으로 많은데 일꾼이 적습니다. 그러므로 수확하는 '주인'에게 수확할 일꾼들을 보내 달라고 부탁하십시오."[15)]

기독교는 하느님을 믿으면 영생을 얻을 수 있다고 광고한다. 믿어지는가? 하느님을 믿으면 영생을 얻을 수 있다는 말은 솔직히 믿기 어려운 엄청난 이야기다. 그럼에도 불구하고 지속적인 광고는 많은 사람들로 하여금 그것을 믿게 만들었다. 그에 반해 당신의 매장에 좋은 제품, 싼 제품들이 많이 있다는 말이 그렇게까지 믿기 힘든 말인가? 서비스 마인드가 훌륭한 직원들이 기다리고 있다는 말이 그렇게 믿기 힘든 말인가? 결코 아니다.

감동적인 서비스가 '입소문'을 낳는다

뉴욕 맨해튼에서 길을 걷고 있을 때였다. 작은 트럭이 와 멈추더니 음료수를 길가는 사람들에게 나눠주기 시작했다. 목마른 여행자에게는 상당한 횡재였다. 나도 두세 개 받았다. 음료수를 나눠주면서 자기 회사 이름과 음료수 이름을 큰 소리로 말했다. 또 사람들에게도 '무슨 회사라고요?' '무슨 음료수라고요?' 라고 하면서 회사 이름과 음료수 이름을 말하게 했다. 이후 그 음료수 회사 트럭을 맨해튼에서만 두 번 정도 더 만났는데, 별일 아닐 수도 있는 그 일이 10년이 지난 지금까지도 아직 기억에 남아 있다.

사람들은 누구나 횡재를 좋아한다. 횡재는 일상적인 일이 아니기 때문이다. 때문에 우연히 어떤 가치 있는 것을 얻었을 때 주위 사람들에게 그것을 자랑하고 입소문 낸다.

이런 속성을 매장 홍보 및 광고 전략으로 세워보면 어떨까? 나는 가끔 볼펜이나 휴대용 화장지를 매장 근처 길 가는 사람들에게 한 박스씩 뿌리곤 했다. 그러면 사람들은 대체로 좋아하는데, 주유소에서 그냥 주유하고 받는 화장지와는 차원이 다르기 때문이다. 일종의 횡재라고나 할까? 보통 전단지는 아침에 뿌리는 것이 좋다. 고객에게 좋은 아침, 좋은 하루, 좋은 예감, 횡재를 선물하는 것이다.

입소문을 확실하게 내기 위해 매장에 연예인을 초청할 수도 있다. 연예인은 텔레비전에서가 아니면 좀처럼 보기 힘든 사람들이다. 그런 사람들이 온다는데 입소문이 안 날 수 있겠는가? 연예인을 보지 못한 사람들은 연예인을 본 사람들에게 연예인이 얼마나 예쁜지, 얼마나 얼굴 크기가 작은지를 물어볼 것이다. 특히 서울이 아닌 지방에서는 연예인 누가 왔다, 연예인 누구를 보았다 하는 사실이 훗날 '전설'이 되기에 충분하다.

연예인은 주로 텔레비전에서만 볼 수 있기 때문에 일반인에겐 비일상적이고 비현실적인 존재다. 현대판 신선 같은 존재라고 할까? 실존 인물이면서도 가공된 이미지로 덧씌워진 연예인은 일반인의 이상이고 우상이면서 거짓이고 허상이라고 할 수 있다. 하지만 그렇기 때문에 연예인이 한번 매장에 왔다 가면 매장의 클래스가 올라간다. 물론 연예인과 찍은 사진을 매장에 걸어두는 센스도 필요하다. '전설'을 증명할 필요가 있기 때문이다.

사실 연예인을 초청해서 팬 사인회를 개최하는 데는 많은 돈이 들어가며 행사시간도 몇 시간 안에 끝나버린다. 그러나 하나의 작은 전설을 만드는 데 어느 정도의 돈은 필요하다. 연예인을 내세워서 주가를 끌어올리는 코스닥 상장 기업들도 있지 않은가? 주식시장은 '믿음 게임'이 펼쳐지는 대표적인 장이다. 연예인을 내세우면 사람들은 대개 믿는다.

입소문은 꼬리에
꼬리를 물고

감동 서비스를 제공하는 데 성공한 기업들은 이를 전설로 만들어 널리널리 퍼뜨리는 탁월한 재주가 있다. 리츠칼튼 호텔에서 어떤 감동적인 서비스를 제공했다고 해보자. 호텔 홍보실에서는 적극적으로 그 사실을 홈페이지나 여러 매체를 통해 소개하고 가능한 한 많은 사람에게 알릴 것이다. 그 기사를 접한 사람은 '나도 그런 감동 서비스를 받고 싶다'라고 생각하며 그 내용을 다른 사람에게 다시 전달할 것이다. 그렇게 해서 리츠칼튼 호텔의 감동 서비스 전설은 자연스럽게 사람들 사이로 퍼져 나가게 된다.[16] 세계적인 기업들도 입소문을 적극적으로 이용한다.

이런 구전 광고는 돈도 얼마 들지 않아 TV나 라디오 광고를 하기 힘든 자영업자도 얼마든지 할 수 있다. 작은 전설을 만들 수 있는 방법들을 모색하라. 가장 현실적인 방법은 고객들에게 작은 횡재를 선물하는 것이다. 예수도 입소문의 덕택을 봤다.

"그리하여 그분에 대한 소문이 곧 갈릴리 주위 온 지방에 사방으로 퍼져 나갔다.[17]"

Key Point

입소문 광고는 TV · 라디오 · 전단지 · 팸플릿 · 플래카드 등 여러 가지 광고 중에서 가장 효과적이고 영향력이 크다. 입소문을 내기 위한 '거리'와 이벤트를 마련하라. 횡재 마케팅을 적극적으로 구사하라.

무한 경쟁에서 살아남는 'only one' 전략

똑같은 금리의 예금이라면 더 멋지고 예쁜 직원들이 있는 은행, 냉난방 시설이 잘 돼 있는 은행에 손님이 모조리 몰릴 것 같지만 실제로는 그렇지 않다. 동네에 있는 무슨 조합이나 우체국도 나름대로 고객들을 확보하고 있다. 작은 매장도 살아남는다. 집에서 가깝다든가 아는 사람이 있다는 이유 때문에 사람들은 작은 매장에 간다. 혹은 시설이 좋지 못하거나 유별난 서비스가 없어 오히려 마음이 편하기 때문에 작은 매장을 이용하기도 한다.[18]

문제는 포지셔닝이다. 예를 들어 홀리데이 인 서울 호텔을 생각해보자. 중산층을 겨냥한 그 호텔은 그 때문에 인테리어에 투자를 많이 하지 않는다. 반면에 비즈니스를 하는 고객들을 겨냥한 그랜드 하얏트 서울 호텔은 인테리어에 많은 돈을 투자한다. 포지셔닝이 다르기 때문이다. 홀리데이 인 서울 호텔과 그랜드 하얏트 서울 호텔은 경쟁관계에 있지 않다.

포지셔닝을 적절하게 하면 불필요한 경쟁을 하지 않게 된다.

《유대인 대부호에게 배우는 부자가 되는 습관》이란 책을 보면 이런 문장이 있다.

"number one이 되려 하지 말고 only one이 되어야 한다."[19]

절대적인 only one이 되려면 독점을 해야 한다. 즉, 한 상권에 동일 업종의 매장들이 없는 상태가 실현되어야 한다. 그러나 현실적으로 그렇게 되기가 쉬운가? 절대 불가능하다.

월마트 같은 기업들이 독점을 위해 힘쓰고 있지만 고객들이 모두 월마트에만 가는 것은 아니다. 고급 제품을 사고 싶어 하는 고객들은 전통적인 백화점에 간다.

시장에서 절대적인 number one이 되기란 사실상 불가능하다. 자기 포지션에서 only one이 되는 것, 그것이 곧 시장에서 이기는 only one전략이다.

자기 포지션만
확실히 지켜라

　　　　자기 포지션을 확고하게 지키면 경쟁에 신경 쓰지 않아도 된다. 경쟁에 신경 쓰기 시작하면 아주 피곤해진다. 경쟁 업체에서 광고를 대대적으로 하면 내일 나의 매장에는 개미 새끼 한 마리도 오지 않을 것 같은 느낌이 들고, 엄청난 스트레스를 받게 된다. 하지만 자기 포지션을 확고하게 지키고 있으면 전혀 그럴 필요가 없다.

　만약 경쟁업체가 나의 포지션에 들어오면 어떻게 할 것인가? 방법은 두 가지다. only one이 되기 위해서 싸우든가, 나의 포지션을 수정하면 된다. 한 상권에 경쟁 업체가 4개 있었다. 하나는 주차장이 아주 좋아서 죽지 않았다. 하나는 프렌차이즈 매장이어서 죽지 않았다. 하나는 재래시장과 가까워서 죽지 않았다. 하나는 제일 오래된 매장이었기 때문에 죽지 않았다. 포지셔닝이 다 달랐던 것이다. 그런데 어느 날 재래시장과 더 가까운 지점에 매장이 하나 새로 생겼다. 기존 4개 매장 중에 어떤 매장이 죽었겠는가? 당연히 재래시장과 가까운 매장이 죽었다. 동일한 포지션에 새로 생긴 매장과의 경쟁에서 졌기 때문이다. 포지션을 적절히 바꿨다면 그 매장도 생존할 수 있었을 것이다. 예컨대 최저가로 제품을 판매하는 매장으로 변신했다면 어땠을까? 생존할 수 있었을지도 모른다. 스타벅스를 세계적인 기업으로 키운 하워드 슐츠는 이렇게 말했다.

"우리는 경쟁에는 관심이 없다. 우리는 우리의 고객에게 더욱 집중하고자 할 따름이다."[20]

싸움을 하지 않고 이기는 것이 병법에서 이야기하는 가장 최상의 전략 아닌가? 불가피하게 경쟁을 해야 할 때는 해야 한다. 그러나 경쟁은 최후에 해야 한다.

혹시 다른 곳에 비해 비싸다고 할까봐 고객이 가격을 물어봤을 때 망설이는가? 그럴 필요 없다. 제품의 가격이 아니라 그 제품이 only one이라는 사실을 강조하면 된다. "저희가 취급하는 제품의 경우 가격은 이렇습니다" "이 제품은 이 지역에서 저희만 취급하고 있는 제품입니다. 저희가 특약점이거든요"라는 식으로 설명하면 된다. 포지셔닝은 쓸데없는 경쟁, 싸움을 피할 수 있는 최적의 방법이다.

Key Point

온라인 구매, 상점의 대형화 추세에서 살아남기가 힘들어지고 있다. 하지만 틈새시장은 분명히 있다. 하나의 상권, 동일한 품목이지만 싸우지 않고 살아남을 방도가 있다. 바로 포지셔닝을 새롭게 해 only one이 되는 전략이다.

고객의 **현명**한 **소비**와 **선택**에 기여하라

직원의 자질을 판단하는 기준 가운데 한 가지는 매출을 끌어올릴 수 있는가의 여부다. 사장끼리는 보통 이런 말을 많이 한다.

"그 직원은 고객들에게 친절하기는 한데 매출을 끌어올리지를 못해요. 아무래도 한계가 있어요!"

특히 사장이나 매니저는 매출을 끌어올릴 수 있어야 한다. 5만 원짜리를 사려고 했던 고객으로 하여금 10만 원짜리를 사게 만들 수 있어야 한다는 것이다. 왜 그렇게 해야 하는가? 돈 욕심을 충족시키기 위해서인가? 아니다. 그것이 고객을 위하는 길이기 때문이다.

물건을 구매할 때 5만원 차이는 사실 얼마 안 될 수 있다. 5만 원짜리를 1년 쓰고 버리는 것보다 10만 원짜리를 3년 쓰는 것이 더 이익 아닌가? 어떤 제품을 애지중지 하면서 5년 이상 사용하는 고객도 보았다. 그 제품이 너무 자기에게 잘 어울리기 때문에 다른 제품이 눈에 들어오지 않는다고 하였다.

처음에 구매할 때 이왕이면 마음에 쏙 드는 제품을 사는 것이 좋다. 가격 때문에 그다지 마음에 들지 않는 제품을 샀다면, 결국 조금 쓰다가 사용하게 되지 않기가 쉽다. 또, 음식에 궁합이 있듯이 고객과 제품 간에도 궁합이 있어서 이왕이면 돈이 더 들더라도 자기와 맞는 제품을 구입하는 것이 좋다. 정말이지 제품과 고객과는 인연이 있다. 좋은 인연이 오래 가지 않는가?

하지만 정말 돈이 없는 고객이라면 5만 원짜리를 사는 것이 적합하다. 경제적으로 어려운 고객이라면 비록 5만 원짜리일지라도 오래도록 잘 사용할 것이기 때문이다. 그래서 서비스맨은 고객의 경제적인 상황, 제품에 대한 기대치 등 수많은 요소를 고려해야 하며, 고객이 매장 안에 들어서는 순간부터 그의 인상·옷·신발·시계·헤어스타일 등을 순간적으로 살펴야 한다. 일단 고객이 파악되면 그에 맞는 제품을 판매하라. 그리고 재정적으로 그다지 어려운 고객이 아니면 물건을 선택하는 데 있어 고객을 '고양' 시키는 편을 선택하는 것이 좋다. 기억하라. 고객이 경제적으로 아주 어렵지 않다면 고객을 고양시켜야 한다.

먼저 고객의
경제능력을 파악한다

고객을 파악하는 능력을 기르다 보면 그냥 둘러보러 온 고객인지 정말 구매를 하기 위해서 온 고객인지도 알게 된다. 그냥 둘러보러 온 고객에게는 '편하게 둘러보십시오' 라고 말한 다음에 자신의 업무를 보는 것이 좋다. 정말 구매를 하기 위해 온 고객이라면 고객 근처에 가서 이것저것 권해주는 것이 필요할 것이다. 처음부터 '저 고객은 구경하러 온 고객이다' 혹은 '저 고객은 5만 원짜리 사러 온 고객이다' 라고 단정을 내리는 것은 무리다. 그러나 몇 분 정도가 지나면, 그리고 몇 마디 나눠보면 충분히 알 수 있다. 옆에서 적극적으로 권해주기를 바라는 고객인지, 아니면 혼자서 편하게 고르기를 바라는 고객인지, 싼 것을 사려는 고객인지, 멋진 것을 사려는 고객인지 알게 된다. 판단이 어느 정도 서면 그것에 맞게 처신하면 된다.

정말로 구매하려고 한 고객이었는데 마음에 드는 제품이 없어서 구매를 하지 않는 경우도 있다. '다음에 올게요!' 하면서 나가는 고객의 뒷모습을 보면서 판매자는 요즘 하는 말로 '내상' 을 입게 된다. 하지만 어쩔 수 없는 것 아닌가? 그런 고객은 다른 매장에 가서도 쉽사리 구매를 결정하지 않을 가능성이 높다. 그런 고객은 스스로 디자이너가 되어야 할 고객이다. 간혹 이러저러한 디자인을 구체적으로 제시하면서 그런 제품이 없냐고 묻는 경우도 있는데, 그럴 때는 '제품에 대해 너무 큰 기대를 가지고 있는 고객이구나!' 하면서 신경을 확실히 끊어야 한다.

서비스맨 스스로 '너무 비싼 것을 팔아서 되겠는가?' 하는 생각을 하고 있다면 결코 고객을 고양시킬 수 없다. 비싼 것이 왜 좋은지 서비스맨 스스로 사용해봐야 한다. 최고의 제품을 팔기 위해서는 최고의 제품을 직접 써보고 왜 좋은지 체험해봐야 한다. 그래야 자신 있게 고객을 고양시킬 수 있다. 명품을 팔려면 명품을 사용해봐야 하지 않겠는가?

고객을 더 나은
'선택'으로 이끈다

싸면서도 좋은 제품을 만들 수는 없는가? 고객들로부터 자주 듣는 말이지만, 비교적 저렴하면서도 좋은 제품을 만나기란 사실 정말 쉽지 않다.

'고양'이란 무엇인가? 고양高揚이라는 단어의 양揚은 '오르다'

'위로 오르다' '날다' '하늘을 날다' '바람에 흩날리다' 등을 의미한다. 가벼워져서 위로 올라간다는 의미를 가지고 있다. 금 한 돈은 쉽게 쓰지 못하는 사람도 10만 원짜리 수표는 쉽게 쓴다. 금은 무겁지만 수표는 가볍지 않은가? 가벼우니까 날아가버린다.

점점 더 큰 추상성을 획득할수록 돈은 점점 더 큰 휘발성을 획득하게 된다. 크레디트 카드는 어떠한가? '외상이면 소도 잡아먹는다'는 말이 있듯이 신용카드는 점점 더 현실에서 동떨어지게 하는 면이 있다. 카드를 사용하다 보면 돈을 겁 없이 쓰게 된다. 사실, 크레디트 카드는 '외상 카드'다.

'고양'이 얼마나 중요한 개념인지를 온전히 인식하기 위해 주식에 대해 생각해보자. 자본주의의 꽃이라고 하는 주식도 '고양'이라는 키워드로 이해할 수 있다. 요즘은 보통 컴퓨터로 주식거래를 하는데, 컴퓨터 화면에는 주가의 움직임이 실시간으로 나온다. 추상적인 언어들이 난무한다. 컴퓨터의 세계는 사이버의 세계, 즉 가상의 세계다. 컴퓨터에는 비유만 존재한다. 컴퓨터 화면에 나타나는 1억은 숫자에 불과하다. 숫자는 얼마나 가벼운가? 무게가 아예 없다. 만 원짜리가 사과박스에 가득 차면 1억이 된다. 1억이 든 사과박스는 상당히 무거울 것이다. 노동을 해서 목돈 1억을 만든다고 생각해보라. 1억은 평범한 직장인이 수년에 걸쳐 모아야 하는 어마어마한 돈이다.

그러나 사이버 공간에서 이뤄지는 주식거래를 보자. 주로 큰손들에 의해 좌지우지되는 주식시장에선 그들에 의해 개미투자자들이 고양된다. 큰손들은 경기가 바닥을 쳤다든지, 어떤 종목이 유망하다든지 슬쩍 호재를 흘려 개미투자자들을 한껏 고양시킨 다음, 컴퓨터 화면에서 보면 한없이 가벼워 보이는 '1억'으로 주식을 사버리게 만든다.

고객별 맞춤형으로
승부한다

큰손들이 구사하는 고양은 너무 심한 고양이다. 과유불급이다. '고양'이라는 것이 너무 과하면 모자람만 못하다. 믿음이 과하면 맹신이 된다. 고객으로 하여금 맹신을 하게 하는 것은 사기를 치는 것이다.

그러나 사고파는 행위에 있어 분명히 적당한 고양은 필요하며, 최고의 서비스맨은 '고양'이 얼마나 중요한 개념인지를 십분 알고 있어야 한다. 그리고 고객을 고양시킬 줄 알아야 한다. 고객을 고양시킨다고 무턱대고 처음부터 최고가의 제품부터 권하는 것은 별로 좋지 않다. 고객이 '너무 비싼 것을 팔려고 하는 것 아닌가?' 하는 생각을 하면서 방어자세를 취할 수 있기 때문이다. 그렇다고 최저가의 제품부터 권하는 것도 별로 좋지 않다. 최저가보다 한 단계 정도 위의 제품을 선택할 가능성이 커지기 때문이다.

상품을 권할 때는 중간 가격부터 최고가 방향으로 권하는 것이 좋다. 일반적으로 최고가의 제품을 선택하지 않는다 할지라도 중간 가격 이하로 내려가지 않기 때문이다.

왜 최고가를 목표로 해야 하는가? 만약 고객이 "왜 그렇게 최고가를 목표로 하세요?" 하면 뭐라고 대답해야 하는가? 그 즉시 "고객님이 최고이시기 때문에 최고의 제품을 권하는 겁니다"고 말하면 된다. 만약 고객이 "저는 최고가 아닌데요"라고 하면 뭐라고 할 것인가? 그럴 때는 "고객님 스스로를 우주와 바꾸시겠습니까? 본질적으로 고객님은 최고이십니다"라고 응수하면 된다.

실제로 나는 이런 이야기를 농담 비슷하게 고객에게 하곤 하는데, 고객들은 대체로 웃음으로 화답한다. 자신을 최고라고 하는데 기분 나빠할 사람이 어디 있겠는가.

그런데 고가의 제품을 구매하려는 고객은 가족이나 친구를 데리고 오는 경우가 많다. 조언을 듣고 싶기 때문이다. 그런 경우라면 같이 온 사람을 내 편으로 만들어야 한다.

누군가를 내 편으로 만들 때는 칭찬을 해주는 것이 좋을 것이다. 칭찬할 수 있는 거리는 무궁무진하다. 제품을 보는 눈이 보통이 아니라고 해줄 수도 있을 것이고, 인상이 좋다는 이야기를 해

줄 수도 있을 것이다. 같이 온 사람을 등한시하면 반드시 그 대가
를 치르게 된다는 것을 기억하길 바란다. 같이 온 사람의 의견대
로 고객이 움직이는 경우가 거의 8~90% 된다. 같이 온 사람이
'다른 데도 한번 갔다가 와 보는 게 어때?' 라고 하면 게임은 나의
패배로 끝나는 것이다.

　정치라는 것이 별 게 아니다. 3인 이상이 모였을 때 정치가 시작
된다. 예를 들어 친구 세 명이 모여서 점심을 먹기로 했다고 해보
자. 돌솥비빔밥을 먹고 싶어 하는 친구가 있고, 순두부찌개를 먹
고 싶어 하는 친구가 있다. 그런데 가운데 친구는 어떤 것을 먹어
도 상관없다는 생각을 가지고 있다. 가려고 하는 식당은 가격이
딴 곳보다 싼 대신 하나로 통일해서 주문해야 하는 곳이다. 어떤
것으로 통일되었을까? 당연히 정치력이 더 뛰어난 친구가 먹기를
원하는 것으로 통일된다. 예를 들어 돌솥비빔밥을 먹고 싶어 하는
친구의 정치력이 뛰어나다면 그 친구는 가운데 친구를 자기편으
로 끌어당기기 위해 여러 가지로 그 친구를 설득했을 것이다. '어
제도 김치찌개 먹지 않았나?' '국물이 건강에 그다지 좋지는 않
다. 국물에 염분이 얼마나 많은지 아냐?' 등등 수많은 말을 했을
것이다. 정치란 결국 많은 사람들을 자기 편으로 끌어당기는 것이
다. 3인 이상이 모이면 한 명은 소외되기 마련이다.

　고객이 친구를 데리고 왔다면 3인이 모인 것이다. 당연히 내가

원하는 결과를 도출하기 위해서는 정치를 해야 한다. 결정은 고객이 한다. 돈을 쓰는 사람을 공격해서 돈을 쓰게 하는 것이 이기는 것 아닌가? 그렇다면 친구를 먼저 내 편으로 만들어야 한다.

이와 관련해서 기억나는 어떤 이모와 조카가 있다. 조카의 옷차림이 영 아니었다. 그리고 상당히 삐딱했다. 나는 조카의 질문에 건성으로 대답했다. 그 조카를 내 편으로 만들 생각을 하지 못했다. 결국 그 조카는 다른 곳에도 가보자는 이야기를 했다. 그 이모는 자기 딸이 꼭 이곳에서 구매하라고 했다면서 딴 데 가볼 필요 있냐고 물었다. 그 순간 그 조카는 강력하게 '에이, 다른 데도 한번 가봐요' 하면서 이모를 거의 끌다시피 하며 나갔다. 그 조카는 그 순간 소외감을 느꼈던 것이다. 소외감을 좋아하는 사람이 어디 있겠는가? 사람은 외로움을 정말 싫어한다. 그날 나는 엄청난 내상을 입었다.

이후 나는 고객보다 고객과 함께 온 사람을 보기 시작했다. 어떤 부부가 기억난다. 아내와 같이 온 남편이 자꾸 시니컬한 이야기를 하는 것이었다. 아내가 좀 비싼 제품을 구매하려고 하자 너무 비싸다는 둥 모양이 별로라는 둥 여러 이야기를 했다. 나는 그 남편이 상당히 동안이라는 것을 캐치한 다음 '상당히 동안이시네요. 스물아홉 정도로 보이네요' 라고 말했다. 그러자 막 웃으면서 '사실은 스물다섯인데, 기분이 별로 안 좋네요?' 하면서 농담을 하는 것이었다. 결국 그 아내는 마음에 드는 비싼 것을 살 수 있었다.

그러나 고객이 서비스맨과 동성이 아닌 배우자나 이성친구와 함께 왔을 때 조심해야 한다. 그러니까 서비스맨이 남자인데 고객이 여자인 경우, 그 고객이 남자친구를 데리고 왔다면 조심해야 한다. 서비스맨과 고객의 죽이 너무 잘 맞으면 남자친구가 소외감을 느껴 여자 직원이 있는 매장으로 가자고 여자친구의 소매를 끌어당길 수 있다.

한편, 고객이 쉽게 결정을 내리지 못하는 경우를 대비해 최후의 옵션 하나를 준비해두는 것이 좋다. 얼마 이상 하면 그에 해당하는 사은품을 준다는 이야기는 공식에 가깝다. 구체적으로 고객이 고가의 제품을 선택할 것인가, 아니면 그 아래 제품을 선택할 것인가를 놓고 고민하고 있다고 치자. 그럴 때는 비장의 옵션을 내놓아 고객의 마음을 잡을 필요가 있다. "이걸로 하시면 제가…"라고 망설이듯 운을 떼며, "서비스로 이걸 드리겠습니다" 혹은 "서비스로 이걸 해드리겠습니다"라고 하는 것이다. 여기에는 다른 고객에겐 던지지 않는 옵션이라는 인상을 남기는 것과 타이밍을 제대로 잡는 것이 중요하다. 반드시 고객이 망설일 때 비장의 옵션을 던져야 한다.

친구를 따라 어떤 안경원에 간 적이 있었다. 고가의 제품을 할 것인지, 그 아래의 제품을 할 것인지를 놓고 친구가 망설였다. 나는 저렴한 것을 하라고 말하고 싶었지만 이미 안경사로부터 인상이 좋다는 말을 들은 뒤였다. 그런 말을 들은 처지에 저렴한 것을 하라고 하기가 어려웠다. 나는 침묵을 지켰다. 안경사는 망설이다가 친구에게 비장의 옵션을 던졌다. 렌즈에 색깔을 넣어주겠다고 했다. 원래 추가요금이 발생하는데 그냥 해주겠다는 것이다. 그러자 친구는 바로 고가의 제품을 선택했다.

만약 고객이 처음부터 강하게 저렴한 것을 하고 싶다고 이야기하면 저렴한 것부터 보여주어야 한다. 최저가의 제품을 보여주면서 일단 안심시켜야 한다. 그리고 고객이 "질도 괜찮죠?"라고 물어보면 웃으면서 "네, 괜찮습니다"라고 대답해야 한다. 어차피 저렴한 것을 선택하려고 마음먹은 고객이기 때문이다.

질은 꽤 높으면서도 최저가인 제품을 사고 싶어 하는 고객을 상대했을 때였다. 당시 나는 제품의 질이 어떠냐고 묻는 고객에게 그렇게 높은 질의 제품은 아니라고 하면서 "저렴하니까요"라고 말해버렸다. 웃으면서 이야기했지만 이미 고객의 심기를 건드린 뒤였다. 고객은 '그럼, 그만두세요'라고 하면서 나가버렸다. 그리고 매장에 다시는 오지 않았다.

저렴한 제품을 선택하는 고객을 상대할 때는 특히 조심해야 한다. 고객의 예산이 부족할 수도 있고, 혹은 예산이 넉넉해도 저렴한 것이나 비싼 것이나 마찬가지라고 생각할 수도 있다. 때때로 고객에 따라 저렴한 것과 비싼 것의 차이가 뭐냐고 물어볼 수 있다. 그럴 땐 대단한 차이가 아니더라도 분명히 어떤 차이가 나는지를 이야기해줘야 한다.

"최고가의 제품이 100%라고 했을 때 최저가의 제품은 92% 정도 된다고 생각하시면 됩니다. 50% 정도가 아니라 92% 정도입니다. 8%의 차이가 별 것 아닌 것 같지만 사실 아주 큰 차이일 수 있는 것이지요."

월트 디즈니는 '필요한 비합리는 당연하다' 라고 말했다.[21] 월트 디즈니 식으로 말해보자.

"필요한 고양은 당연하다."

Key Point

> 자본주의 사회에서는 비쌀수록 좋은 제품이기 마련이다. 바로 이 시스템 때문에 경쟁이 발생하고 더 질 좋은 제품이 탄생하는 것 아닌가? 중요한 것은 고객을 고양시키는 것이다. 당장 몇 만 원 더 싼 것을 권하기보다는 오래 쓸 수 있는 좋은 제품을 권장하라.

이윤이 아니라 사람을 남기는 거래

10

　　고객이 떨어져나가는 가장 큰 이유는 제품에 대한 불만 때문이 아니다. 일선 종업원의 불친절에 대한 불만 때문이다. 미국 품질관리협회에서 조사한 바에 따르면 고객이 이탈하는 이유들 가운데 68%가 매장 직원의 불친절에 대한 불만이었다.(14%는 제품에 대한 불만, 9%는 가격에 대한 불만이었다.)[22]

　'인간이 가장 좋아하는 것은 인간'이라는 말이 있다. 그러나 기대가 크면 실망도 크다고 했던가? 사람은 사람에게 가장 큰 상처를 입는다. 물론 인간이 좋아하는 것은 인간뿐만이 아니다. 돈과 그것으로 살 수 있는 멋진 차, 멋진 집과 같은 물질도 좋아하고, 신이나 이상·보람·명예·권력과 같은 비물질적인 것도 좋아한다.

그러나 무엇보다도 인간은 인간을 가장 좋아한다.

천지불인天地不仁이라는 말이 있다. 하늘과 땅은 불인하다는 말이다. 불인을 풀이하면 '어질지 못하다'가 된다. '어질지 못하다'는 말의 뜻은 무엇인가? 한의학에서는 몸의 어느 한 부분이 마비되었을 때 불인하다고 한다. 인하다는 것은 마비되지 않은 것, 즉 부드러운 것을 의미한다. '어질다'는 말의 사전적 의미는 '성품이 인자하고 덕행이 높다'이다.

성품이 인자한 사람이 모가 난 사람이나 딱딱한 사람을 의미하지 않을 것이다. 어진 어버이를 생각해보자. 부드러움과 따뜻함이 느껴진다.

불인하다는 것은 쉽게 말해서 딱딱하다는 것이다. 그럼 천지불인이라는 말은 하늘과 땅이 딱딱하다는 말인가? 이는 하늘로 비유되는 비물질과 땅으로 비유되는 물질이 딱딱하다는 말일 수 있다.

신을 열렬히 숭배하는 무슬림 근본주의자들은 상당히 딱딱해서 살벌하기까지 하다. 폭탄 테러를 감행하지 않는가? 그들은 순수하게 비물질을 지향하기 때문에 자신의 육체라고 하는 물질을 초개처럼 버릴 수 있다.

돈을 밝히는 사람들도 딱딱하기는 마찬가지다. 자본주의 세상에서 돈을 밝히지 않는 사람들이 얼마나 되겠는가만, 그중에서도 가장 돈을 많이 밝히는 사람들은 사채업자들일 것이다. 자기 돈을

 서비스에 미쳐라

떼이지 않기 위해서 갖은 방법을 동원하는 것을 보라. 심지어 신체포기각서를 요구하는 경우도 많다고 한다. 물질을 극단적으로 추구할 때 인간은 실종된다.

마음을 담은 거래는
아름다운 관계를 만든다

이렇듯 비물질이나 물질은 딱딱한 것이라는 면에서 서로 통한다. 비물질과 물질, 천지는 불인하다. 천지간에 딱딱하지 않은 것은 유일하게 인간이다. 사람이 죽으면 사후강직이 일어나서 몸이 딱딱해진다. 왜냐하면 더 이상 인간이 아니라 땅의 일부가 되었기 때문이다. 살아있는 사람인데도 딱딱한 사람은 인간적인 사람이 아니다. 딱딱한 사람 주위에는 사람들이 모이지 않는다.[23]

아름다운 외모를 이용해 '미인계'를 구사하는 사람들이 있듯이 서비스맨은 '인간계'를 구사할 수 있어야 한다. 부드러움과 따뜻함 등 내면적인 아름다움과 성숙미를 이용하는 것이다. 스타벅스 관계자는 이런 말을 했다.

"우리는 커피를 서빙하는 사업이 아니라 커피를 서빙하는 사람 사업에 종사하고 있다."[24]

맞는 말이다. 결국은 사람이다. 매출액을 높이기 위해 세일을 하거나 사은품을 준비했다고 해보자. 정작 고객들을 대하는 직원들이 불친절하고 고압적이라면 고객들은 상처를 받고 발길을 돌릴 것이다. 당장에 자신의 경험을 떠올려보라. 뭔가를 사러 갔다가 매장 주인이나 직원이 불친절해서 그냥 발길은 돌린 적이 없는가? 내 경우엔 신발을 사러 갔다가 매장 직원이 친절하지 않게 나를 대하자 곧장 그곳을 나와 다른 매장에 가서 신발을 산 적이 있다. '이왕이면 친절한 사람에게 돈을 보태줘야지' 라고 생각하면서 말이다.

인간들은 많지만 진짜 인간들은 극소수에 불과하다. 마음이 따뜻하고 부드러운 인간이 진짜 인간이다. '교육사업' 이라는 말과 통하는 것이 '사람사업' 이라는 말이다. 교육을 시키는 이유는 진짜 인간을 만들기 위함이다.

돈 많이 버는 사람이 진짜 인간이 아니다. 부드러움과 따뜻함으로 세상을 구하는 사람이 진짜 인간이다.

서비스맨은 명품을 판매해야 하듯 명인을 판매해야 한다. 품격 높은 제품을 팔아야 하듯 품격 높은 인간을 팔아야 한다. 최고의 서비스맨을 팔아야 한다.

여기에서 사람들은 귀먹고 언어 장애가 있는 사람 하나를 그분에게 데리고 와서 그에게 손을 얹어 주시기를 간청하였다. 그러자 그분은 무리 가운데서 그를 따로 데리고 나가 손가락을 그 사람의 두 귀에 넣고 침을 뱉으신 다음 그의 혀를 만지셨다. 그리고 하늘을 우러러보시고 깊이 한숨을 쉬시며 그에게 "에바다" 곧 "열려라" 하고 말씀하셨다. 그러자 그의 청력이 열리고 혀의 장애가 풀렸으며, 그는 정상적으로 말하기 시작하였다.[25]

장애를 가지고 있던 남자는 많은 사람들 가운데서 불안해했을 것이다. 예수는 그 남자의 불안함을 고려하여 남의 눈에 띄지 않는 곳으로 데리고 가서 고쳐주었다. 예수의 부드러움과 따뜻함, 자상함과 사려 깊음을 엿볼 수 있다.

Key Point

서비스맨은 그저 비싼 물건만 마구 팔 수 있으면 그만인 '세일즈맨'이 아니다. 사람을 생각하고 인간적인 것에 가치를 두는 사람이다. 사소한 거래라도 마음을 담아서 하라. 몇 푼의 작은 이익에 연연해하지 않고, 사람을 남기는 거래를 하다 보면 더 큰 이익과 따뜻함이 부메랑이 되어 돌아온다.

격식 있는 한마디로
서비스의 품격을 높인다

11

격식 있게 말하는 것은 명품 이미지 메이킹에 도움이 된다. 고객에게 '손님, 이것 어때요?' 라고 하는 것보다 '고객님, 이것은 어떻습니까?' 라고 하는 것이 더 격식 있다. 물론 격식은 때와 상황, 상대에 맞게 차려야 한다.

'선생님' 이라는 호칭은 나이가 좀 든 남자 분들에게 적합하고, '어머님' 이라는 용어는 나이가 좀 든 여자 분들에게 적합하다. 30대 초반의 여성에게는 '고객님' 이라고 하는 것이 좋을 것이다. '사모님' 이라는 호칭은 명품 이미지와 약간 배치된다. 워낙 많이 사용되어 용어의 인플레이션이 일어났기 때문이다. 진짜 사모님일 때 사모님이라고 하는 것이 좋다. 호칭을 통해서 상대방을 고양시키는 것이다. 고급 화법을 통해서도 상대방을 고양시킬 수 있다. 예를 들면 "손님, 그거요? 해드려야죠, 뭐"라는 일상 언어를 고급 화법으로 바꾸어 "고객님, 그렇게 해드리겠습니다" 하는 것이다. "손님이 무작정 화내셔서 쫄았잖아요"라고 하는 것보다는 "고객님께서 화를 조금 내셔서 당황했습니다"로 말하는 것이 듣기에도 훨씬 더 좋다.[26]

호칭이나 화법을 통해 고객을 고양시키면 나도 고양된다. 내가 선생님이라고 부르면 고객도 나를 선생님이라고 부르게 된다. 예전에 어떤 공원에 간 적이 있었다. 같이 간 분들이 사진을 찍고 싶어 했는데, 사진기를 준비해 가질 못했기 때문에 좋은 사진기를 들고 있는 한 아저씨에게 사진을 찍어달라고 부탁했다.

그분은 웃으면서 자신은 사진작가라고 했다. 다행히 나는 처음에 그를 '선생님'이라고 불렀다. 만약 내가 그를 '아저씨'라고 했으면 어땠을까? 그분이 그토록 환하게 웃으면서 내 부탁을 들어주셨을까?

나중에 공원에 같이 갔던 사람들 중 한 명은 내가 그를 '선생님'이라고 부르는 것을 보고 '저 사람 참 괜찮구나' 생각하기 시작했다고 말했다. 호칭과 화법을 격식 있게 구사하는 것은 고객뿐만 아니라 당사자인 나의 클래스를 높이는 좋은 방법이다.

말 한마디에 천냥 빚 갚는다는
말은 괜한 소리가 아니다

고객에게 감사를 표할 때 또한 격식을 갖추어야 한다. 고객이 재방문을 했다는 것을 알게 되면 "이렇게 다시 찾아주셔서 감사합니다"라고 격식 있게 이야기하라. 어떤 고객이 다시 찾아준다는 것은 곰곰이 생각해보면 정말 고마운 일이 아닐 수 없다.

내가 운영하는 매장 가까이에는 부부가 함께 운영하는 매장이 있다. 이웃사촌이라는 말도 있지 않는가? 나는 그 부부의 매장을 아주 오랫동안 이용했지만 그 부부는 한 번도 나의 매장을 이용하지 않았다. 20년 동안 말이다. 나를 무시하는 것일까? 사람 속을 어떻게 알겠는가?

하지만 약간 서운한 것이 사실이다. 그런데 나의 이웃사촌이 아닌데도 불구하고 나의 매장을 이용해주고, 더군다나 다시 찾아주기까지 했다는 것은 분명 고마운 일이다. 고마움을 알아야 한다. 그리고 고마움을 알았다면 격식 있게 고마움을 표해야 한다.

말 한마디로 천냥 빚 갚는다는 말이 있다. 과연 경망스럽게, 혹은 장난스럽게 한마디 했다고 천냥 빚을 감해줄 사람이 있을까? 자세를 바로 하고 진지하게, 격식을 갖춰서 말해야 천냥 빚을 탕감 받을 수 있다.

재방문을 한 것에 대해서만 격식 있게 감사를 표할 것인가? 처음 방문을 했다 할지라도 고마움을 표해야 한다. 그 많은 매장들을 놔두고 하필이면 나의 매장에 와준 것이기 때문이다. 고객에게 정성을 다해 말하라.

"이렇게 방문해주셔서 감사합니다."

어떤 고객이 가까운 사람에게 나의 매장을 추천해주었다면 추천해준 그 고객에게 "이렇게 추천해주셔서 감사합니다"라고 격식 있게 말해야 한다.[27] 어떤 경우는 자신이 소개를 많이 해주었다는 이야기를 하는 고객들이 있다. 그럴 때 속으로 '얼마나 소개를 해 줬겠어?'와 같이 냉소적으로 반응하지 말고 "그러셨습니까? 어쩐지 고객들이 좀 늘었습니다. 감사합니다"라고 하는 것이 좋다.

혹시 개선사항을 지적 받았을 때도 격식 있게 고마움을 표하라. "지적을 해주셔서 감사합니다"라거나 "일부러 시간을 내서 그런 말씀을 해주니 정말 감사합니다. 저희가 어떤 점에서 더 잘할 수 있는지 아는 데 많은 도움이 될 겁니다"라고 말하면 얼마나 고객이 흐뭇하겠는가. 격식 있게 호칭과 화법을 구사하고, 격식 있게 감사함을 표하면, 고객은 도리어 서비스맨인 나의 인격을 높이 평가한다.

축제가 이미 절반이 지났을 때에, 예수께서는 성전에 올라가 가르치기 시작하셨다. 그러자 유대인들은 이상히 여기면서, "이 사람은 학교에서 공부한 적도 없는데 어떻게 학식을 갖추고 있을까?" 하고 말하였다.[28]

예수의 표현 하나하나가 고상했을 것임을 미루어 짐작할 수 있다. 만약 허점이 있었다면 예수를 좋지 않게 생각했던 기득권자들이 비웃었을 것이다.

Key Point

서비스맨으로서 품격을 높이고 유지하는 것은 바로 고객을 대하는 상냥함과 공손함에 있다. 고상한 언어와 정중한 표현으로 딱딱하게 굳어버린 고객의 마음을 풀어줘라. 매장을 찾아주신 고객의 존재가 얼마나 소중한가! 진심으로 감사히 여기는 마음을 표현하는 것만으로도 서비스의 품격이 달라진다.

3부

어떻게 상대의 마음을
공략할 것인가?

화가 난 고객에 대처하는 서비스맨의 자세

식당에서 돌솥비빔밥을 먹을 때였다. 한참 맛있게 먹고 났는데 그릇 안쪽에 죽은 바퀴벌레가 붙어 있는 것 아닌가? 너무나 어이가 없어서 화도 별로 나지 않았다. 사장을 불렀더니 사장이 와서 보고는 미안하다면서 다른 걸로 다시 가져다주었다. 졸지에 두 그릇을 먹어야 했다. 사실 나는 내심 사장이 화끈하게 돈을 안 받겠다고 하면 좋겠다는 생각을 했다. 내가 먹은 것과 친구가 먹은 것을 합쳐 봐야 만 원이 안 되었기 때문이다. 그런데 식당주인은 돈을 다 받았다. 사장이 좀 화끈하지 못하다는 생각을 했고 이후로 다시는 그 식당을 찾지 않았다.

또 한 번은 과자를 먹을 때였다. 분명히 밀봉 포장 되어 있는 것을 뜯었는데 과자봉지 안에는 파리가 죽어 있었다. 불쾌해진 나는 그 과자 회사 홈페이지에 글을 남겼다. 그랬더니 바로 그 다음 날 직원이 찾아왔다. 과자 봉지를 보여 달라고 해서 보여주자 직원은 그것을 그대로 가져가면서 5천 원 정도 하는 껌 한 박스를 주었다. 그때도 나는 내심 '좀 더 화끈하게 보상을 해줬으면 좋을 텐데!' 하고 생각했다. 그런데 아무런 보상이 없었다면 어떤 생각이 들었 겠는가?

실수를 했으면 마땅히 그 보상을 할 것!

피 같은 나의 돈을 투입했는데 그것이 소기의 목적을 달성하지 못하면 누구나 속상한 법이다. 더구나 그 이유가 전적으로 판매자 측에 있다면 당연히 고객은 보상을 바라게 된다. 정당하고 화끈한 보상이 없으면 사기를 당한 것 같은 느낌을 가지 게 된다. 판매자 측과 원수가 되는 것은 당연하다. 반드시 서비스 맨은 보상을 해야 할 때 화끈하게 보상을 해야 한다.

이런 일도 있었다. 언젠가 고객이 다음 날 아침에 제품을 찾아 가겠다고 하면서 8시에 문을 열어줄 수 있겠냐고 물어왔다. 나는 그렇게 할 수 있다고 호언장담했는데, 다음 날 아침 고객과의 약속을 새까맣게 잊어버리고는 평소처럼 8시 30분에 문을 열었다. 그러자 오후에 매장을 다시 찾은 그 고객은 어떻게 약속을 어길 수 있냐고 화를 내며 따져 물었다. 고객의 말이 맞았다. 당연히 죄송하다는 말만 연신 되풀이할 수밖에 없었다.

정말 잘못했을 때 '죄송합니다'라고 말해야 한다. 그러니까 직구를 던져야 한다. 괜히 핑계를 대려고 하면 안 된다. 핑계를 대려고 하면 고객은 그것을 다시 물고 늘어진다. 도망을 치면 개가 쫓아오는 것과 비슷하다. 정중하게 '죄송합니다'라고 하는 것이 직구를 던지는 것이다. '한 번 죄송하다고 했으니까 됐겠지!'라고 생각해서도 안 된다. 적어도 세 번 이상 죄송하다는 말을 해야 한다. 삼구삼진 시켜야 한다.

그런 일이 있었지만 어쨌든 무사히 제품을 건네주고 대금을 받았다. 나는 빳빳한 5천 원권 한 장을 건네주면서 "선생님, 상징적인 의미로 받아주십시오. 너무 죄송해서요"라고 말했다. 그 고객은 기분 좋게 돌아갔다. '상징적인 의미'라는 말을 꼭 해야 한다. 그렇지 않으면 고객은 오히려 '5천 원짜리 한 장 가지고 때우려고 하네! 사람을 뭘로 보고……'라고 생각할 수도 있다.

현금 앞에서는 대부분 마음이 약해진다. 그런 사람의 마음을 재밌게 잘 다룬 영화를 본 적이 있다. 제목은 잘 생각나지 않지만 영화의 배경은 평화로운 섬마을이었다. 그 마을의 문제는 의사가 없다는 것이었다. 외딴 섬이다 보니 의사들이 아무도 오지 않으려 했기 때문이다.

그러던 어느 날 마을 사람들은 우여곡절 끝에 의사 한 명을 섬에 오게 한 뒤, 얼마간 마을에 머물게 하는 데 성공한다. 하지만 약속한 기간이 지나면 그 의사는 섬을 떠날 것이 불을 보듯 빤했다. 그래서 생각다 못한 마을 어른들이 꾀를 냈다. 의사 주위에 예쁜 아가씨를 두어 의사가 사랑에 빠지도록 한 것이다. 아울러 마을 어른들은 일부러 의사가 자주 지나다니는 길가에 돈을 떨어뜨려 놓아 의사의 눈에 띄게 했다.

자연히 의사는 시시때때로 길에서 돈을 줍게 됐고, 돈을 주운 의사는 항상 기분이 좋아 지내게 된다. 우연히 돈을 주워 기분이 좋아지지 않을 사람이 어디 있겠는가? 섬에서 기분 좋은 일이 계속 일어나자 의사는 결국 '그냥 섬마을에 정착해야 되겠다'고 결심하게 된다. 마음에 드는 여자도 있었고 말이다.

말로만 미안하다고 하지 말고 작은 '성의'를 보여라

과감히 현금으로 보상해야 할 정도로 실수하지 않았다면, 현금 대신 쿠폰을 이용할 수도 있다. 쿠폰도 일종의 돈이다. 특정한 매장에서만 통용되는 화폐라고 할 수 있다. 쿠폰을 만들 때 고급지를 사용하고 금박이나 은박으로 금액을 인쇄하는 이유는 최대한 화폐 같은 느낌을 내기 위해서이다. 따라서 쿠폰을 줄 때는 봉투에 넣어주는 것이 좋다. 그렇게 해야 쿠폰이 가치 있게 보인다.

쿠폰을 많이 뿌리는 것은 나쁘지 않다. 고객은 말로만 죄송하다고 하는 것을 좋아하지 않는다. 무언가 가치가 부가된 제스처를 취하기를 원한다.[1] 고객이 어떤 요구를 했는데 들어주지 못했다고 해보자. 예를 들면 사은품을 하나 더 달라고 했는데 "죄송합니다. 더 드리고 싶은데 수량이 한정되어 있어서요"라고 한 것이다. 말로만 죄송하다고 할 것인가? 이럴 때 아주 작은 사은품을 고객에게 줄 수 있으면 좋다. 하다못해 볼펜이라도 줘야 한다. 이것이 말 대접이다. 요구를 했는데 안 된다고 하면 고객이 무안해할 수 있다. 하지만 무언가 가치가 부가된 제스처를 취해주면 고객은 무안함을 느끼지 않을 수 있을뿐더러 좋은 기분을 느낄 수 있다.

그러므로 당신이 예물을 제단으로 가져가다가 거기서 당신의 형제가 당신에 대하여 무슨 반감을 품고 있는 것이 기억나거든 예물을 거기 제단 앞에 두고, 가서 먼저 그 형제와 평화를 이룩하십시오. 그리고 나서 돌아와 예물을 바치십시오.[2]

신에게 선물을 바치기 이전에 형제에게 선물을 주라는 뜻이 담겨 있는 말이다. 반감을 가지고 있는 고객에게 사과하고 보상하지 못하는 서비스맨은 광고를 할 필요가 없다. 먼저 업을 푸는 것이 중요하다.

고객이 사랑하는
애인, 가족이 되라

고객의 자랑거리나 걱정거리를 잘 들어주고, 고객카드를 잘 활용하다 보면 충성고객들을 많이 확보하게 된다. 충성고객들은 더 나아가 지인으로 발전한다. 그래서 서비스업에 오랫동안 종사해온 진짜 서비스맨은 각계각층의 지인들을 많이 알고 있다.

다양한 스펙트럼의 지인들이 서비스맨에게 아주 큰 도움이 될 것이라는 점은 불문가지다. 설령 경쟁 매장에서 할인을 아주 많이 해준다는 광고를 한다고 하더라도 지인들은 쉽게 흔들리지 않는다. 지인을 배신하는 듯한 느낌을 감내하려고 하지 않기 때문이다.

비단 그뿐만이 아니다. 지인들은 자기가 아는 사람들에게 나의 매장을 소개하는 등 적극적인 홍보를 하기도 한다. 사람들은 대부분 조금이라도 자신과 연관이 있는 사람의 매장에 가기를 원한다. '아는 사람의 소개'를 받았기 때문에 처음일지라도 소개받은 매장에 신뢰를 가진다. 그래서 곧잘 "아무개 알고 계시지요? 그분 소개로 왔습니다"라고 말문을 여는 것이다.

서비스맨은 설령 기억이 잘 나지 않는다 할지라도 '예, 잘 알지요. 소개로 와주셨으니까 제가 좀 더 할인해드리겠습니다'라고 웃으면서 이야기해야 한다. 새로 방문한 그 고객은 좀 더 나은 서비스와 저렴한 가격에 큰 이익을 봤다는 느낌을 가질 것이고, 자신의 지인에게 고마움을 표시할 것이다. 그러면 아는 사람에게 작으나마 도움이 되었다는 사실에 매장을 소개했던 지인 역시 기분이 좋아질 것이고, 이후 그는 또 다른 사람들에게도 내 매장을 자신 있게 소개할 것이다.

고객과의 어색한 거리감은 어떻게 좁힐까?

고객이 지인이 되었다는 것은 공식적인 관계가 비공식적인 관계로 바뀌었다는 것을 의미한다. 비공식적인 관계는 서비스업에 있어서 정말 중요하다. 고객에게 '날이 많이 풀렸지요?' '조금 전에 무지개 뜬 것을 보셨어요?' '핸드폰 정말 예쁘네요. 잠깐 구경해도 되요?' 등과 같은 비공식적인 대화를 건네는 직원은 억지스럽고 딱딱하게 인사하는 다른 직원보다 훨씬 매장의 인상을 좋게 만든다.[3] 같은 아파트에 사는 주민 두 사람이 엘리베이터를 탔을 때 서로 딴 곳을 바라보기만 하는 경우와 "안녕하세요! 잘 지내시죠?" 하고 인사를 건네는 경우를 비교해본다면 비공식적인 관계의 위력을 짐작할 수 있을 것이다.[4]

'경품에 당첨되었으니 찾아가라' 는 말을 듣고 백화점에 가면 경품을 나눠주는 직원의 무표정한 얼굴에 당황스러움을 느끼게 되는 경우가 있다. "고객님, 축하드립니다. 좋은 일들이 올해 많이 일어나시겠네요!" 라고 해주면 얼마나 좋겠는가?[5] 자기 가족이 경품에 당첨되었다면 만면에 웃음을 가득 머금고 경품을 건네주었을 것임에 틀림없다.

아는 후배가 어느 패밀리레스토랑에서 딸 돌잔지를 했을 때다. 그곳 직원들이 생일축하 노래를 불러주었는데, 직원들 사이에 왠지 모를 어색함이 감돌아 그다지 신이 나지 않았다. 하긴 많은 사람들 앞에서 코믹하게 각색한 노래를 부르기가 쉽지는 않았을 것이다. 하지만 '업무' 가 아닌 비공식적인 관계의 구축이라는 개념을 염두에 두고서 노래를 불렀다면 훨씬 자연스러웠을 것이라는 생각이 든다. 자기들의 조카 돌잔치라고 생각했다면 어땠을까?

보통 매장 안에 고객이 들어섰을 때 "어서 오세요!"라고 하지만, 곳에 따라서는 "안녕하세요!"라고 인사하기도 한다. 이렇게 차별화된 인사법을 구사하는 이유는 무엇인가? 고객과의 관계를 단순한 비즈니스의 개념으로 보지 않았기 때문이다. 고객을 커뮤니케이션의 상대로 생각했기 때문이다.[6]

어떤 고객들은 비공식적인 관계를 유난히 좋아한다. 그래서 제품의 가격도 비공식적으로 깎기를 원한다. 일정한 규정에 따라서 할인을 해주면 그런 공식적인 할인에 더해서 다시 비공식적으로 값을 깎기를 요구하는 식이다. 이런 경우 판매자가 비공식적인 관계 구축이라는 개념을 생각하지 못하면, 짜증이 올라오는 것을 틀어막아야 하는 난감한 사태가 벌어질 수 있다. 짜증이 아예 나지 않는 것과 짜증이 나는 것을 틀어막는 것과는 천지 차이이며, 안타깝게도 고객들은 서비스맨인 내가 짜증을 틀어막고 있다는 사실을 대번에 알아차린다.

흥정을 즐기며 고객과
친해지는 전략을 구사한다

고객이 비공식적으로 값을 더 깎기를 원하는 것은 위기가 아니라 기회다. 멀게만 느껴지는 고객이 일거에 지인으로 변할 수 있는 기회이다. 하지만 고객이 할인을 요구할 때 절대로 시원스럽게 '그렇게 하시죠. 깎아드리겠습니다'고 말하지 마라. 그러면 절대 안 된다. 깎기를 좋아하는 고객 입장에선 '어라? 좀 더 깎을 수 있나?' 하는 생각을 하게 된다.

서비스맨은 여러 단계의 방파제를 세우고, 값을 많이 깎아야 되겠다는 고객의 의지라는 파도가 부서지도록 해야 한다. '더 디스카운트 해드리고 싶지만 이미 많이 디스카운트 해드렸기 때문에 더 이상은 어렵습니다' 라고 말하는 것이다.

1차 보호막을 뚫고 들어오는 고객, 즉 흥정을 포기하지 않는 고객이 있다면 '쿠폰' 을 이용하는 것이 좋다. '더 디스카운트 해드리는 것이나 다름없습니다. 이 쿠폰을 다음에 오실 때 가져오시면 이 가격만큼 디스카운트가 되거든요' 라고 말하는 것이다.

그럼에도 불구하고 끈질기게 밀어붙이는 고객이 있는가? 그러면 특별 사은품을 이용하길 권한다. 일반적으로 주는 사은품이 아니라 비공식적인 관계를 구축하고자 하는 고객들을 위해 특별히 준비해두었던 사은품을 내놓으며 '더 이상 할인해드리는 건 불가능하고, 제가 특별히 이걸 드리겠습니다' 라고 하는 것이다.

대다수 고객들은 이 선에서 만족한다. 하지만 혹시나 이렇게까지 했는데도 할인해줄 것을 포기하지 않는 고객이 있다면, 바로 그 때 약간의 디스카운트를 해주는 것으로 흥정을 매듭짓기 바란다.

레스토랑 같은 곳에서는 특별히 가격 흥정을 하지 않기 때문에 약간 다르다. 프랑스식 레스토랑에 갔을 때, 그곳 매니저가 특별한 과자를 가져다주었다. 갈대처럼 생긴 과자였다. 별난 맛도 아니었고, 또 우리에게만 가져다주는 것도 아니었다. 다른 테이블에도 가져다주었다. 하지만 특별히 가져다준다는 인상을 풍겼다. 매니저가 비공식적인 관계를 구축하기 위해 그런 식으로 노력했던 것이다.

바에서 양주를 마신 다음 키핑을 해두는 경우가 있다. 여러 가지 이유가 있겠지만 바텐더와 비공식적인 관계를 구축하고 싶은 마음도 하나의 이유다. 다음에 갔을 때 '내가 키핑해둔 것 주세요'라고 말하고 싶은 것이다. 같이 간 사람에게 바텐더와 비공식적인 관계에 있다는 것을 보여주고 싶은 마음이 숨겨져 있을 수 있다. 이와 비슷한 심리로 레스토랑에 갔을 때 '항상 주문하던 걸로 주세요'라고 말하는 사람들이 있는 게 아닌가? 물론 실제로 워낙 그 레스토랑을 많이 애용했기 때문에 항상 먹던 걸로 주라는 말을 하는 것일 수 있다. 하지만 그럼에도 불구하고 사람들의 마음속에는 그런 '비공식적인 관계'를 확인받고 싶고 과시하고 싶은 미묘한 심리가 존재한다.

고객이 그렇게 말했는데 서비스맨이 '예?'라고 반문하며, 잘 모르겠다는 표정을 짓는다면 어떻게 되겠는가? 상당히 '웃길' 것이

다. 낯모르는 사람한테는 그 상황이 개그가 될 것이나 당사자는
심한 모욕감을 느낄 수도 있는 문제다.

일대일로 친해질 수 있는
계기가 필요하다

비공식적인 관계가 형성된 지인들과는 가격에
대해 그렇게 자세하게 이야기할 필요가 없다. 제품의 종류에 대해
서도 마찬가지다. 때문에 이런 식의 대화가 가능하다.

"오늘 돔이 싱싱하고 좋습니다. 돔으로 하는 것이 어떻습니까?"

물론 돔 회가 비싸겠지만 비싼 것 이상으로 가치가 있기 때문에
권하는 것이라는 의미가 내포되어 있다. 여기에는 알아서 싸게 해
줄 것이라는 전제가 깔려있다.

"이 제품이 너무 잘 어울리네요. 이걸로 하세요"라는 서비스맨
의 말을 믿고 제품을 선택했는데, 나중에 알고 보니 가격이 놀랄
정도 비쌀 경우라도 비공식적인 관계가 구축되어 있다면 어렵지
않게 넘어갈 수 있다. "제가 언제 안 좋은 제품을 권해 드리던가
요? 이 제품이 너무 잘 어울립니다. 이 제품의 임자는 고객님이십
니다"라고 웃으면서 말하면 되는 것이다.

어린아이를 데리고 온 고객과는 어린아이를 통해서 급속히 비

공식적인 관계로 들어갈 수 있다. 어린아이에게 삼촌, 혹은 이모가 되는 것이다. 내 경우엔 매장에 풍선을 준비해두었다가 어린아이들이 왔을 때, 삼촌이 풍선을 불어주는 것처럼 풍선을 불어준다. 그러면 아이는 물론 엄마들까지 참 좋아하는데, 기분이 좋아진 까닭인지 대부분 엄마들은 매장을 나가면서 아이에게 "삼촌한테 인사해야지!"라고 말한다. 어린아이에게 삼촌이면 구매자인 아이 엄마와는 어떤 관계가 되는가? 동생이나 오빠가 되지 않겠는가? 어린아이에게 이모라면 아이 엄마와는 동생이나 언니가 될 것이다.

미국을 여행했을 때 흑인들이 많이 있는 곳에 간 적이 있었다. 밤이었고 LA 폭동이 일어난 지 일 년밖에 안 된 때였기 때문에 잔뜩 긴장했던 기억이 난다. LA 다운타운에 밤에 있는 것은 거의 자살 행위와 같다. 난국을 타개하기 위해서 그때 흑인들 속에 있던 한 꼬마 아이에게 악수를 청했다. 사실 그 흑인 아이는 참 귀여웠다. 다행히 그 흑인 아이는 피부색이 다른 사람이라고 거부반응을 보이지 않았다. 일단 아이와 친해지자 아이의 부모가 나를 친구로 대해줬고, 그러자 부모의 다른 흑인 친구들도 나를 친구로 대해주었다.

혹시 아직도 어린아이들이 매장에 와서 괜히 시끄럽게 떠든다고 생각하면서 짜증내는가? 어린아이를 비즈니스와 상관없는 말

썽꾼이라고 여기지 마라. 어린아이들을 통해 비공식적인 관계로 급속히 들어갈 수 있다.

함께 먹거나 마시는 것도 비공식적인 관계로 들어가는 첩경이다. '식구' 라는 말이 '함께 먹는 사람들' 이라는 뜻이라고 하지 않는가? 커피 한 잔을 타서 고객에게 주는 것과 커피 두 잔을 타서 고객과 함께 마시는 것, 둘 중에 어떤 것이 고객과 나를 더 가까워지게 하겠는가? 불문가지다. 커피를 싫어하는 고객들을 위해서 다른 음료나 맛있는 쿠키를 준비하는 센스도 필요할 것이다.

신체적 접촉은 강력한 의사소통 수단이다. 문화적 기대치에 어긋나지 않는 적절한 접촉은 고객으로 하여금 즉시 강한 친밀감을 느끼게 한다. 어느 유명 은행의 경우 출납원들은 거스름돈을 카운터 위에 올려놓는 대신 고객들의 손에 직접 전해주도록 교육받는다. 그런 식의 접촉이 은행에 대한 좋은 인식을 높이는 데 기여한다는 것이 연구를 통해 밝혀졌기 때문이다. 비슷한 예로 레스토랑에서 음식을 서빙하거나 거스름돈이나 영수증을 주고받을 때 혹은 고객에게 감사하다는 말을 할 때 고객과 직접 접촉을 했던 직원들이 훨씬 더 많은 팁을 받았다는 연구 결과도 있다.

악수는 비즈니스 세계에서 이루어지는 신체적 접촉의 가장 일반적인 형태이다. 냉정하고 기계적이거나 지나치게 흔들어대는 악수는 피해야 한다.[7] 특히 여자 직원일 경우 남자 고객과 아주 조금도 신체적인 접촉을 하지 않으려고 하는 경우가 있다. 그렇게 해서는 결코 비공식적인 관계가 구축되지 않는다.

일본 오키나와에 갔을 때 톨게이트에서 돈을 받고 있는 할아버지들을 보았다. 할아버지들이 서서 돈을 받고 있었다. 그런데 놀라운 것은 그것이 아니었다. 거스름돈을 건네줄 때 운전자의 손에, 마치 할아버지가 손자의 손에 돈을 쥐어주는 것처럼 돈을 쥐어주는 것이었다.

당시의 나는 톨게이트에서 혹시라도 돈이 떨어지면 안 되기 때문에 그렇게 하는 것이라고 이해했다. 하지만 그보다 더 큰 결과가 만들어지고 있었다. 신체적인 접촉때문에 운전자들의 마음이 훈훈해지고 있었다.

한번은 그분이 어느 도시에 계실 때에, 보라! 나병이 걸린 사람 하나가 있었다! 그는 예수를 보자 얼굴을 숙이고 엎드려 그분에게 부탁하여 "주여, 당신이 원하기만 하시면, 저를 깨끗하게 하실 수 있습니다" 하고 말하였다. 그래서 그분은 손을 내밀어 그를 만지시며 "내가 원합니다. 깨끗하게 되십시오" 하고 말씀하셨다. 그러자 곧 그에게서 나병이 사라졌다.[8]

나병환자와 굳이 신체적 접촉을 하지 않아도 됐을지 모를 예수

 서비스에 미쳐라

가 왜 굳이 신체적 접촉을 했겠는가? '비공식적인 관계의 구축'은
참으로 중요하다.

대부분 사람들은 자신과 조금이라도 연관이 있는 사람에게 더 깊은 신뢰를 보낸다. 고객과 '아는 사이'가 되기 위해 노력하라. 고객과 친근한 관계가 되기 위해서는 흥정도 즐길 줄 알아야 하고, 비스킷 가루가 떨어지는 것도 감수해야 하며, 어린 아이들이 어지르는 것도 사랑스러운 눈길로 바라볼 줄 알아야 한다.

03

직원들의 전화매너가 고객이 느끼는 첫인상

전화받기 능력이 뛰어나야 한다. 미국과 같은 선진국에서는 전화받기 능력을 인사고과에 반영할 정도로 전화받기 능력을 중시한다.[9] 어떤 서비스 전문가는 이렇게 말했다. '전화를 다스릴 줄 알면 당신은 어떠한 고객도 사로잡을 수 있다.'[10]

미국 최고의 투신사들 중 하나로 1조 6천억 달러의 고객 자산을 운용하는 피델리티 인베스트먼트사의 성공에도 전화받기 능력이 큰 비중을 차지했다. 이 회사에서는 3300여 명의 전화 상담원이 24시간 교대로 끊임없이 쏟아지는 고객들의 문의에 충실하게 응답한다. 3300여 명 모두가 대졸 이상의 학력을 소유하고 있고 브로커 자격증을 소지하고 있다.[11] 전화받기 능력이 뛰어난 사람들을 통해서 수익을 창출하고 있으며, 이 회사에서는 전화받기 능력이 뛰어난 사람들이 최고의 인재들인 것이다.[12]

어떻게 전화받기 능력을 키울 것인가? 사람들은 어릴 때부터 전화를 사용하지만, 대부분 서비스업에 적절하게 전화를 사용할 줄 모른다. 전화 사용 습관을 수정하거나 다듬은 적이 전혀 없기 때문이다. 일상적인 전화예절은 많은 경우 서비스업에 있어서 부적절하다.[13]

고객의 전화를
감사해하라

고객이 전화를 했는데 통화중이거나 아무도 받지 않는다거나, 또는 벨이 15번 울리고 나서야 받는다면, 그것은 고객에게 "죄송합니다만 돈을 도로 지갑에 넣고 가게를 나가주세요. 우리는 바빠서 당신에게 물건 팔 시간도 없네요. 제발 다른 데 가서 물건을 사도록 하십시오. 전화해주셔서 고마웠습니다"라고 말하는 것과 같다. 이런 일을 방지하려면 벨이 3번 울리기 전까지는 전화를 받아야 한다는 등의 기준을 스스로 세워서 지키도록 해야 한다.[14] 가정에서야 전화벨이 15번 울린 다음에 받아도 상관없겠지만 매장에서는 절대 그렇게 하면 안 된다. 전화를 늦게 받는 것은 전화 건 사람으로 하여금 '전화 오는 것을 별로 달가워하지 않는구나! 돈 많이 벌었나 보네!' 하는 생각을 하게 한다.

전화는 전화를 주서서 고맙다는 마음을 가지고 아주 정성들여서 받아야 한다. 다른 일을 하면서 전화를 받는 느낌을 주어서는 안 된다. 수화기를 들고 나서는 고객이 어떤 잡음도 들을 수 없어야 한다. 그러니까 고객의 전화를 받았는데, 다른 사람과 이야기하다가 전화받은 모양으로 "그래서 있잖니, 내가 걔한테 어쩌구저쩌구… 아, 여보세요?"[15] 하는 일이 있어서는 안 된다.

매장의 메인 전화기는 고객들로부터 걸려오는 전화를 받기 위한 것이기 때문에 메인 전화기로는 사적인 전화를 걸지 않아야 한다. 피치 못해 전화를 걸었다면 정말로 용건만 간단히 해야 한다.

매장에서 전화를 받을 때는 반드시 상호를 밝혀야 한다. 상호를 밝히는 것은 내가 준비가 되어있다는 것을 알리는 일이다. 상호를 밝히면 고객은 '매장의 직원이 직접 전화를 받았구나!' 하는 생각을 하게 된다. 반면에 상호를 밝히지 않고 그냥 '여보세요?' 하면 상대방은 '혹시 전화를 잘못 걸었나?' 하면서 다시 확인하게 되고, 불필요한 확인 절차를 거치면 고객은 답답함을 느끼게 된다.

서비스맨은 고객으로 하여금 곧바로 용건을 말하게 해야 한다. 용건이 있어 어느 매장에 전화를 걸었는데 어린아이가 전화를 받으면 어떤 기분이 들겠는가? '아빠 계시니?' 라고 물어보면서 속으로 차라리 아이 아빠가 그 자리에 없었으면 좋겠다고 생각을 하게 되지 않을까? 비즈니스의 세계는 프로의 세계다. 내 금쪽같은 돈을 투입하고 경쟁에서 살아남아야 하는 정글의 세계다. 그리고 돈을 투입하면 누구나 그에 상응하는 가치를 창출해야 한다고 생각하기 때문에 당연히 서비스맨은 프로로서 행동해야 한다.

목소리도 '메이크업'이 필요하다

프로답게 전화를 받기 위해서는 전화를 받기 전에 전화 음성에 메이크업을 할 필요가 있다.[16] 가까운 친구와 오랜 만에 통화를 할 경우 어떻게 말하는가? 약간은 흥분된 어조로 평소보다 음량도 높이고 말의 속도를 빨리할 것이다. 낱말의 강세에도 변화를 주어 신난 듯 말할 것이다. 그렇게 하는 것이 반갑고 친근감 있게 말하는 것임을 본능적으로 알고 있기 때문이다.[17] 고객으로부터 전화가 왔을 때도 그렇게 해야 한다. 괜히 무게 잡는다고 낮은 톤으로 천천히 '여보세요?' 하는 것은 마이너스다.

이명박 씨는 현대건설 사장 시절에 새벽에 전화를 받는 경우가 많았다고 한다. 외국에 나가있는 부하직원들이 급하게 전화를 하기 때문이었다. 외국에서 낮에 전화하면 한국에서는 새벽 2, 3시에 받게 되는데, 이명박 씨는 외국에 나가서 열심히 일하고 있는 부하직원들을 배려해서 잠에 취한 목소리를 내지 않았다고 한다. 전화를 받기 전에 목소리에 메이크업을 했던 것이다. 나 역시 잠자다가 전화를 받을 때 가능한 잠에 취한 목소리를 내지 않으려고 노력한다. 더욱 톤을 높여서 맑은 목소리를 내려고 노력한다.

아침에 출근해서 얼마 안 되었을 때 전화를 받는 경우가 있다. 사람들이 보통 출근한 다음 전화해야 할 곳에 전화를 하기 때문에 아홉시에서 열시 사이에 전화가 많이 걸려온다. 그럴 때 유의해야 한다. 아침에 완전히 목소리가 돌아오지 않은 상태에서 전화를 받아야 할 때 목소리를 더욱 맑게 하려고 해야 한다. 출근 후 첫 통화에서부터 퇴근 전의 마지막 통화까지 항상 억양의 변화를 경쾌하게 하며 상냥함을 잃지 않도록 노력해야 한다.[18]

고객이 피자를 주문하려고 전화했는데 자다 깬 목소리로 전화를 받으면 피자의 위생 상태가 걱정되는 것이 사실이다. 그리고 첨단 장비를 구입하려고 전화했는데 아이 같은 목소리로 응대하면 신뢰감이 사라진다. 음성을 어떻게 관리하느냐에 따라 상품과 서비스에 대한 신뢰도가 달라지는 것이다.[19]

예전에 어떤 분과 전화통화만 하다가 직접 만난 적이 있었는데, 그분은 내 모습이 상상했던 이미지와 완전히 다르다며 "살이 많이 찐 사람일 것 같았는데 실제로는 그렇지 않다"고 말했다. 그 일로 인해 나는 전화를 할 때 목소리에 메이크업을 해야 한다는 것을 깨달았다. 누구나 통화를 하면서 상대의 외모, 지적 능력, 프로 의식 등을 그려본다는 것을 인식하게 된 것이다.

사람들은 통화 목소리나 톤, 억양에 의거해 상대방이 미소 지으며 행복해하고 있는지, 아니면 입술을 굳게 다물고 있는지 알아차린다. 그래서 전화를 받을 때는 특히 부드러운 말투가 필요하다.

모르는 상대로부터 전화가 오면 누가 어떤 말을 하려는지 궁금하기도 하고 약간 두렵기도 한 것이 사실이다. 때문에 상당히 경직된 상태에서 전화를 받을 수 있다. 전화를 하는 쪽도 마찬가지다. 전화를 하는 것은 궁금한 것을 물으려고 하는 것이거나 뭔가를 부탁하려고 하는 것이다. 때문에 약간의 걱정과 함께 전화를 하게 된다.

얼굴이 보이지 않기 때문에 더욱 '공손히' 할 것

얼굴을 보면서 하는 직접적인 대화에서는 미소 띤 얼굴이 말투를 도와주지만 전화를 통한 간접적인 대화에서는 말투를 도와줄 어떠한 것도 없다. 예컨대 직접대화Face-to-face communication를 할 경우는 몸짓 언어가 커뮤니케이션의 55%를 담당하고 목소리 톤이 38%, 사용되는 언어가 7%를 담당한다. 하지만 전화통화^{Telephone communication}를 할 경우 목소리 톤이 커뮤니케이션의 82%를 차지하고 사용되는 언어가 18%를 담당한다.[20] 전화통화의 경우 말투 이외에 미소와 같은 몸짓 언어의 도움을 전혀 받지 못하는 것이다.

우선 상대방과의 물리적 거리가 멀다는 것부터 심리적인 답답함을 유발한다. 거기에다 상대의 표정과 몸짓이 보이지 않으니 의사소통이 속 시원히 되질 않는다. 이렇게 속이 답답해지면 자연히 목소리가 높아질 수밖에 없다.[21] 때문에 전화통화를 할 때는 특히 더 말투를 부드럽게 해야 한다.

사람마다 타인을 평가하는 기준이 다른데 내 경우에는 주로 전화 받는 태도를 통해 그 사람을 평가한다. 상대방이 뭔가 경계하는 듯한 목소리와 억양으로 전화를 받는다고 느끼면 그 사람이 매사 부정적이겠다는 생각을 하게 된다. 의심이 많은 사람과는 관계가 지속되지 못한다는 것을 수차례 경험을 통해 알게 된 까닭이다. 특히 전화를 그냥 안 받아버리는 사람들과는 가급적 관계를 지속시키지 않으려고 한다. 그만큼 타인을 배려할 줄 모른다는 것을 증명하는 것이기 때문이다. 피치 못해 받지 못했다면 반드시 나중에 전화를 해서 '전화를 못 받아서 죄송하다'는 말을 해야 한다. 그런 기본적인 것이 안 되는 사람과는 관계를 지속시키기 힘들다. 비즈니스의 세계는 프로의 세계다. 프로가 아닌 사람과 어떤 일을 같이 하다가는 나까지 피해를 보는 경우가 있다.

미소를 지으며 통화를 하면 입 안쪽 천장의 연구개가 올라가면서 소리의 흐름이 더욱 부드러워진다.[22] 전화상담에 일가견이 있는 프로들은 전화하는 동안 자기 앞에 거울을 갖다놓기도 한다.[23] 거울을 보면서 미소를 지으며 통화를 하는 것이다.

노래하듯이 통화하는 것도 한 방법이다. 억양을 조절하거나 리드미컬하게 끊을 때 잘 끊어주면 된다. 노래를 하는 식으로 말하면 듣기가 편하기 때문에 상대방도 즐거워한다. "아무리 좋은 노래도 자꾸 들으면 듣기 싫다"는 말이 있지 않는가? 노래가 듣기 좋은 것이기 때문에 그런 말이 있는 것이다. 노래하듯이 이야기하면 전화통화를 많이 해도 힘이 덜 든다.

Key Point

고객과 전화통화를 할 때는 직접 만나서 대화할 때보다 목소리와 말투에 더 주의를 기울여야 한다. 미소나 제스처 같은 몸짓 언어의 도움을 받을 수 없기 때문에 뜻하지 않은 오해를 살 수가 있다. 서로가 보이지 않기 때문에 더 공손하고 친절하게 응대하라.

04

부드러운 말투는 마음의 벽을 허문다

부드러운 말투에 대한 논의를 심화시킬 필요가 있다. 부드러운 말투가 서비스업에 있어서 너무 중요하기 때문이다. 독일 속담에 "옷감은 염색에서, 술은 냄새에서, 꽃은 향기에서, 사람은 말투에서 그 됨됨이를 알 수 있다"[24] 는 말이 있다.

하다못해 자동차를 운전할 때 상대 차를 향해 내는 경적도 모두 같은 것 같지만 알고 보면 제각각 다르다. 대개 조금만 앞으로 차를 빼달라고 부탁을 하는 경우에는 아주 살짝 '빵' 한다. 하지만 너무 경우 없이 끼어드는 차에 대고는 아주 길게 '빵~!' 한다.

양보를 해줘서 고맙다는 의미의 경적도 있다. 또, 어떤 경우엔 별로 기분이 상하지 않지만, 어떤 경우엔 몹시도 기분이 상할 때가 있다. 자동차 경적에 그 차를 운전하는 사람의 감정상태가 고스란히 묻어나기 때문이다.

자동차 경적 하나도 이럴진대 사람들의 목소리와 말투는 어떻겠는가? 사람들은 모두다 상대방의 말투나 목소리에 민감하게 반응한다. 어떻게 다른 사람들의 기분을 좋게 만드는 부드러운 말투를 구사할 수 있을까? 전화를 받을 때는 물론이지만 직접 대화를 할 때도 부드러운 말투는 중요하다.

얼마 전에 모교에 갔던 나는 어느 순간 고개를 숙이고 캠퍼스를 걷고 있는 나 자신을 발견했다. '왜 내가 이렇게 고개를 숙이고 걷는 걸까?' 자문했고, 내가 겁을 내고 있기 때문이라는 것을 깨달았다. 그런저런 생각을 하다 앞을 보니 50미터 전방에서 낯익은 여학생이 걸어오는 것이 보였다.

내 강의를 들었던 여학생일 수 있다는 생각에 고개를 숙였다. 남학생들보다는 보통 여학생들이 인사를 잘 안하는 경향이 있는데, 순간 '저 여학생도 나에게 인사를 하지 않을 텐데, 그러면 내가 상처를 받지 않겠는가?' 하는 생각이 들어서였다.

말투는 그 사람의
인격이다

　　혼자서 전 세계를 누비며 일부러 위험한 곳만을 찾아서 다니곤 했던 나였지만, 여전히 본질적인 '두려움' '겁'에서 자유롭지 못했던 것이다. 비단 나만 그런 것이 아니다. 대부분의 사람들이 당당한 것 같고 겁이 없는 것 같지만, 사실은 당당하지 못하고 겁이 많다. '겁내지 말자' '제발 겁내지 말자'라는 생각을 주문처럼 되뇌며 살다가 죽음에 직면했을 때 가장 심각하게 '겁내지 말자'는 말을 하게 될 것이다. 뜬금없는 것 같지만 이런 점에서 드라마 〈모래시계〉에서 최민수가 마지막에 했던 대사는 명대사임에 틀림없다. "나 지금 떨고 있니?" 죽음 앞에서 인간은 겁을 낼 수밖에 없다는 것을 작가는 알았던 것이다.

　'겁'이라는 화두에 대해 깊이 생각하던 어느 날, 나는 '다른 사람들이 겁을 낼 때 안심시켜주자'는 생각을 하게 됐다. 그것이 동료 인간에 대한 최고의 배려일 수 있다는 생각을 했고, 아주 조금이지만 그렇게 하는 것이 이 세상을 구하는 일일 수 있다는 생각을 했다.

　오래 전 나의 한 친구는 오토바이를 타다가 사고를 당해 허리가 부러졌다. 신경이 다 끊어졌기 때문에 지금도 휠체어를 타고 다니는데, 사고가 난 직후 병원에 도착하자 나이 지긋한 의사 선생님이 미소를 지으면서 이런 말을 했다고 한다.

"괜찮네. 수술하고 휠체어 타고 다니면 돼. 다 살아갈 수 있어."

그 상황은 아무리 봐도 괜찮은 상황이 아니었다. 결혼도 못해본 이십대 초반의 청년이 평생 휠체어를 타야 되는데 어떻게 그게 괜찮은 상황인가? 그러나 그 의사 선생님의 말은 그 상황에서 반드시 필요한 말이었다. 타인의 두려움과 무서움, 겁을 풀어준다는 것은 숭고한 일이다.

사람은 어차피 죽는다. 아무리 에너지가 넘치는 건강한 사람도 때가 되면 죽는다. 사람의 인생은 결국 비극이다. 영생을 꿈꾸는 종교인들에게는 희극일 수도 있겠지만, 종교인들이 믿는 바처럼 내세가 있다고 전제하더라도 현세의 마지막을 의미하는 죽음은 슬픈 것이다. 진실은 냉정하다. 냉정하게 말해서 모든 사람은 비극의 주인공들이다. 그런 비극의 주인공들이 겁에 위축되는 것이 아니라 다른 비극의 주인공들의 겁을 풀어주는 것은 얼마나 멋지고 아름다운 모습인가? 타인을 안심시켜주는 부드러운 말투는 얼음을 녹이는 따뜻한 햇살 같다고 하지 않을 수 없다.

아직도 그 친구는 휠체어를 타고 다닌다. 하지만 착한 여자와 결혼해서 잘 살고 있다. 그 여자는 정상인이다. 그 의사 선생님의 말이 맞았던 것이다. 틀림없이 그 의사는 그 말을 최대한 부드러운 말투로 했을 것이다. 그 친구가 그랬다. 그 말을 듣는 순간 마음이 눈 녹듯이 풀렸다고.

이런 철학적인 이해가 선행되어야 진정으로 부드러운 말투가 나온다. 고객들을 안심시켜주어야 한다. 손님을 대할 때 연극을 한다고 생각하라는 말이 있다. 좋은 말이긴 한데 오해의 소지가 있다. 진심은 상관없이 겉포장만 그렇게 하면 된다고 생각하게 할 수 있다. 부드러운 말투를 구사하는 것은 인간이 얼마나 겁 많은 존재인지를 확실히 아는 것에서 우러나와야 한다.

특히, 남자의 부드러운 말투는 효과가 크다

부드러운 말투를 구사하는 데 있어 여자들은 남자들보다 유리하다. 여자들은 선천적으로 남자들보다 부드럽다. 때문에 남자들은 여자들이 기울이는 노력보다 훨씬 더 많은 노력을 기울여야 한다. 흔히 남자들은 '남자답게 말하는 것'을 무뚝뚝하거나 짧게 말하는 것으로 오해한다. 정말 대단한 오해다.

'큰 남자'는 내 친구에게 말했던 그 의사 선생님처럼 많은 사람들을 안심시키는 사람이다. 많은 사람들이 기대어 쉴 수 있고, 의지할 수 있는 아름드리나무 같은 남자가 큰 남자다. 그러자면 최대한 부드럽게 말할 필요가 있다. 주위를 둘러보라. 진짜 남자다운 남자, 큰 남자일수록 부드럽고 섬세하게 말하는 경향이 있다.

매장에 있다 보면 부모를 따라온 어린아이들 때문에 신경이 거슬리는 경우가 많다. 어린아이에게 '떠들면 안 돼요' 라는 말을 한다고 해보자. 아주 큰소리로 퉁명스럽게 '떠들면 안 돼!' 할 것인가? 아니면 최대한 부드럽게 '떠들면 안 돼요~' 할 것인가?

당연히 후자다. 아이들은 사소한 일에도 금방 겁을 집어먹고 울어버릴 수 있기 때문에 가능한 한 부드럽게 말을 해야 한다. 어린아이처럼은 아니겠지만 본질적으로는 어른들 역시 겁이 많다는 것을 상기하라. 고객은 겁 많은 어린 아이와 같다.

부드러운 말투를 구사하면서 한 가지 조심해야 할 것은 발음을 명확하게 해야 한다는 것이다. 목소리가 작아도 곤란하다. 우물우물 넘어간다면 상대방은 신경을 곤두세우고 들어야 하기 때문에 짜증스러워질 수 있다. 심하면 대화 전체를 망치게 된다.[25] 제스처를 적절히 취하면서 말하는 것이 발음을 명확히 하는데 도움이 된다. 한 문장을 끝마치면서 손을 짧게 흔들어주면 말끝이 명확해진다.

그분이 가시는데 무리가 그분에게 몰려들었다. 그런데 십이 년 동안 혈루증으로 시달리면서 아무에게서도 고침을 받지 못하던 여자가 뒤에서 가까이 와서 그분의 겉옷 술을 만졌다. 그러자 즉시 출혈이 멈추었다. 예수께서 말씀하셨다.

"누가 나를 만졌습니까?"

"스승님, 무리가 당신을 에워싸서 바짝 밀어대고 있습니다."

모두 부인하고 있을 때에 베드로가 말하였다. 그러나 예수께서는 다시 말씀하셨다.

"누군가가 나를 만졌습니다. 내게서 힘이 나간 것을 내가 압니다."

그 여자는 알아채시는 것을 피하지 못했음을 알고, 떨면서 와서 그분 앞에 엎드려 자기가 만진 이유와 낫게 된 것을 모든 사람 앞에서 털어놓았다. 그러자 그분이 말씀하셨다.

"딸이여, 그대의 믿음이 그대를 낫게 하였으니 평안히 가시오."[26]

이 말을 할 때 예수의 말투가 어떠했을 것인지 상상해보라. 한없이 부드러웠을 것임을 어렵지 않게 상상할 수 있다. 겁내는 상대의 마음을 안심시키는 부드러운 말투였을 것임에 틀림없다.

Key Point

한치 앞도 모르는 삶과 죽음의 현장에서 살아가는 인간의 마음속에는 원인을 알 수 없는 두려움과 불안, 겁이 있다. 사람들이 상대방의 말투와 목소리에 민감하게 반응하는 이유가 바로 여기에 있다. 진정한 서비스맨은 그런 사람들의 마음을 따뜻하게 보듬어주어야 한다.

05

고객관리에 효과적인 전화 한 통!

고객을 지인으로 만들기 위해서는, 즉 비공식적인 관계를 구축하기 위해서는 고객관리에 힘써야 한다. 잘 작성한 고객카드를 보면서 '전화'를 걸어야 한다. 물론 요즘은 인터넷을 통해 상대방에게 메시지를 전달할 수 있다. 하지만 음성을 통해 마음 상태까지 전달할 수 있는 전화를 인터넷이 대체하기는 어렵다.

삼고초려를 했던 유비를 생각해보자. 만약 그 시절에 전화가 있었다면 유비는 수없이 전화를 걸었을 것이다. 사람은 주로 전화를 거는 사람과 주로 전화를 받는 사람으로 나눌 수 있다. 당연하겠지만 성공은 주로 전화를 거는 사람의 것이 되기 쉽다. 그렇지 않을까? 유비가 전화를 받기보다는 걸기를 좋아하는 유형의 인간이었기 때문에 나라를 세울 수 있었다.

외국에서는 가정에서 손님들을 초대해 파티를 하고 나면 며칠 지나서 초대에 응해주었던 손님들에게 감사의 카드를 보낸다. 그렇게 함으로써 손님들에게 성의와 예의를 지킨다.[27] 뭐든 그렇지만 '유종의 미'가 중요한 것 아닌가? 서비스맨은 고객이 다녀간 지 며칠이 지나면, 전화를 걸어서 자기 매장을 이용해준 것에 대해 감사하다는 뜻을 전해야 한다.

구매한 제품이 마음에 드는지, 혹은 적응이 잘 되는지 물어보면 된다. 특히 꽤나 난이도 있는 제품, 즉 특별하거나 개성이 아주 강하고 가격이 높은 제품을 구매한 고객일 경우엔 반드시 전화를 해야 한다. 일반적이지 않은 제품을 구입한 고객은 주변 사람들로부터 믿음을 훼손시키는 공격을 많이 받을 수 있다.

예컨대 아주 개성적인 제품의 경우 어떤 사람들은 아주 좋다고 하는 반면 어떤 사람들은 아주 형편없다고 혹평할 수 있다. 반응이 상반될 수 있는 것이다. 때문에 고객의 선택이 틀리지 않았음을 재확인시켜주어야 한다. 그런가 하면 새로운 제품에 적응하기 쉽지 않은 경우도 있다. 적응하고 익숙해지면 아주 좋은 제품일수록 적응하는 데 비교적 긴 시간이 걸리는 경우가 많다. 따라서 이런 경우는 고객에게 전화를 걸어 제품에 이상이 있는 것이 아니기 때문에 적응하면 된다는 것을 재확인시켜주어야 한다.

고객의 신뢰도를
높이는 법

　　　　사람은 믿음을 지키기가 참 어렵다. 쉽사리 의심하고
툭하면 부정적인 생각을 한다. 누군가가 부정적인 말을 하면 그
말이 작살처럼 가슴에 와 박힌다. 그리고 상처가 점점 커져서 결
국 사단이 난다. 어떤 제품은 기쁨의 원천이 될 수 있는 반면 어떤
제품은 자신의 잘못된 선택을 상기시키는 원천이 될 수도 있다.
문제는 기쁨의 원천이 되기가 생각보다 쉽지 않음에 있다.

　믿는 것, 긍정적이 되는 것은 배가 강을 거슬러 올라가는 것에
해당하지만 의심하는 것, 부정적이 되는 것은 배가 강물에 흘러
떠내려가는 것에 해당한다. 구매한 제품이 잘못된 선택을 상기시
키는 원천이 된다면, 그런 '원천'을 제공한 사람이 있는 매장에 다
시 가기 싫은 마음이 드는 것은 당연한 것 아닌가? 재구매가 일어
나지 않게 될 것이 뻔하다. 뿐만 아니라 그 고객으로 인해 올 수 있
었을 많은 사람들마저 떨어져나가게 된다. 얼마나 큰 손실인가?

　반드시 '난이도 높은 제품'을 구매한 고객에게 전화해서, 그 제
품이 얼마나 좋은지를 상기시켜줘야 하는 이유가 여기에 있다. 혹

시나 정말로 제품에 하자가 있어서 고객이 불편을 겪고 있다면, 빠른 시일 내에 교환이나 환불을 해주어야 할 것이다. 클레임을 거는 고객들은 실제로 많지 않다. 그냥 거래를 끊는 고객들이 더 많다. 그런 고객들을 잡아야 한다.

고객이 제품을 주문한 후 기다리고 있을 경우에는 고객이 전화 하기 전에, 먼저 이쪽에서 전화를 걸어 언제쯤 도착할 거라고 알 려줘야 한다. 행여나 고객에게 그런 문의 전화를 받는 일이 없도 록 하라. 고객이 그런 전화를 직접 하기까지 치러야 할 심리적 비 용이나 부담감은 결코 작은 것이 아니다. 고객들은 보통 '지금 전 화를 해야 하나? 진득하게 기다리지 못하는 사람으로 보여서는 안 되는데, 좀 더 기다려 볼까? 아니야. 벌써 왔을 텐데 바빠서 전화 를 안 하는 것일지도 몰라!' 하는 식으로 많은 번민을 겪다가 전화 를 하게 된다. 상당한 심리적 비용의 지불은 짜증을 파생시킨다. 주문한 후 어느 정도 시간이 지나면 고객에게 전화를 걸어서 진행 상황을 설명해야 한다.

뜻밖의 안부전화는
깊은 인상을 남긴다

고객들은 가끔 자신에게 전화를 걸어 '안녕

하세요. 별일 없으시지요?' 라며 안부 인사를 해주기를 은근히 기대한다. 6개월에 한 번씩 고객들에게 전화를 하다가 꾀가 나서 몇 년간 고객관리 전화를 안 했던 적이 있었는데, 그때 '요즘은 왜 전화를 하지 않느냐' 며 묻는 고객들이 많았다.

보험을 들기 전에는 날마다 전화를 하다가도 계약을 하고 나면 전화 한 통 없는 보험회사 직원들이 많다. 그리고 사고가 나서야 연락이 되는 경우가 많다.[28] 그렇게 연락을 거의 하지 않는 직원과 어떻게 지인으로 발전할 수 있겠는가? 전화를 적어도 6개월에 한 번 정도 해주는 것이 좋다.

그런데 의외로 전화로 고객관리하는 것을 무척 어렵게 생각하는 사장이나 매니저들이 많다. 고객카드를 작성·보관하는 것이 사장이나 매니저의 고유 권한인 것처럼 전화 고객관리도 사장이나 매니저의 고유 권한이다. 사장이나 매니저가 고객관리 차원에서 전화를 했을 때는 고객카드에 기록되어 있는 고객의 자랑거리나 걱정거리를 언급하는 것이 좋다.

혹시 직원들이 고객에게 했던 실수가 있었다면 그에 대해 다시 한 번 사과하라. 직원들은 사장이나 매니저와 엄연히 다르다. 직원들이 사장이나 매니저처럼 많은 것을 두루 살피기는 쉽지 않다. 때문에 고객들은 직원들에게 서운함을 많이 느끼기 마련이다. 그런 서운함을 사장이나 매니저가 달래줘야 하는 것이다.

모든 고객에게 전화를 하기가 힘들다면 사장이나 매니저가 직원들에게 일정량을 할당해주어도 좋다. 예를 들어 여자 고객이라면 여자 직원이 전화를 하게 할 수도 있을 것이고, 학생 고객이라면 젊은 직원이 전화를 하게 할 수도 있을 것이다. 하지만 나이가 많은 고객이나 VIP 고객이라면 필히 사장이나 매니저가 전화를 해야 한다.

전화로 직접 고객관리를 해보면 고객들이 고맙다는 말을 정말 많이 한다는 것을 알게 된다. 그리고 전화줘서 고맙다는 말을 실제로 정말 많이 듣고 나면, 자연히 전화고객 관리에 사활을 걸어야겠다는 결심을 하게 된다.

남들이 다 할 수 있는 것은 의미가 없다. 남들이 할 수 없는 것을 해야 의미가 있다.

상처받은 고객의 마음은 이렇게 달래라

고객은 어린아이처럼 상처를 잘 받는다는 전제는 다시 기다리는 고객을 잘 다루어야 한다는 명제를 이끈다. 앞에서도 이야기했지만 가장 이상적인 것은 한 고객과 거래가 끝난 다음에 다른 고객이 들어오는 것이다. 그러나 현실적으로 그렇게 되기는 참 힘들다. 고객들이 보통 한꺼번에 오는 경우가 많다. 때문에 부득이 기다려야 하는 고객이 발생한다. 서비스맨은 기다려야 하는 고객을 잘 다룰 수 있어야 한다.

'다루어야 한다' 는 표현을 사용하는 이유가 무엇인가? 그냥 기다리게 하면 되는 것 아닌가? 그렇지 않다. 서비스맨은 지금 직접 상담을 하고 있는 고객보다 아무 하릴 없이 마냥 기다리고 있는 고객에게 더 많은 주의를 기다릴 필요가 있다. 그런 의미에서 어느 식당의 사장은 기다리는 고객을 아주 잘 다루었다. 기다리는 고객과 여러 차례 눈을 맞추며 미소를 지었는데, 그 행동은 "거기 계신 걸 저는 잊지 않고 있습니다. 곧 찾아뵙도록 하겠어요"라고 말하는 것에 다름 아니었다.[29]

기다리는 고객을 다루는 데는 고도의 사려 깊음이 필요하다. 이미 와 있던 다른 고객의 심기도 불편하게 해서는 안 되기 때문이다. 그러면 고객들의 마음에 미묘한 감정의 동요가 일어나는 것을 어떻게 잘 다룰 것인가? 우선, 이미 와 있던 고객과 상담을 하는 중에 새로운 고객이 들어오면 바짝 긴장을 하라. 그리고 기존 고객에게 '잠시만요' 라고 양해를 구한 다음 새로운 고객에게 환영인사를 하라. 환영 인사를 하는 법에 대해서는 앞에서 말한 바와 같다. 그런 다음 새로운 고객에게 미소를 지으면서 '잠시만 기다려 주시겠습니까? 10분 정도만 기다리시면 될 것 같은데요. 구경하고 계시면 금방 살펴드리겠습니다' 라고 정중히 말하는 것이다.

기다리는 고객의 시간을
유익하게 만들 것

연구 결과에 따르면 고객은 얼마나 오래 기다

려야 하는지 모를 때 가장 짜증을 많이 낸다고 한다. 5분이나 10분, 15분만 기다리면 된다는 말을 꼭 해야 한다. 그렇게 말을 하면 기존의 고객도 상담을 질질 끌 수 없다는 것을 알고 가부간 결정을 빨리 하게 된다. 은행에서 순서표를 사용하는 것도 고객들로 하여금 얼마나 기다리면 되는지를 알게 하기 위함이다. 짜증을 미연에 방지하려는 것이다.

실제로 5분만 기다려야 된다면 고객에게는 10분 정도 기다려야 한다고 말하는 것이 좋다. 디즈니랜드의 경우 기다려야 할 시간을 과장되게 안내판에 적어놓음으로써 고객으로 하여금 안내된 시간보다 덜 기다렸다는 생각을 갖게 한다. 또, 대기하고 있는 줄이 계속 움직이도록 함으로써 고객으로 하여금 '조금만 더 기다리면 되겠다'는 생각이 들도록 유도하기도 하고, 관심을 다른 곳으로 돌려 지루함을 덜 느끼도록 하기도 한다. 미키마우스가 기다리는 고객들에게 말을 걸거나 장난을 치는 것은 바로 지루함을 덜 느끼게 하기 위해서이다.[30]

고객이 10분 정도 기다리기로 했다고 해서 기다리는 고객에게 10분 동안 아무 말도 건네지 않으면 안 된다. 서비스맨 스스로가 일종의 '미키마우스'가 되어야 한다. 제품들을 꺼내서 보여준다든지, 제품에 대해서 설명을 한다든지 해야 한다. 물론 아주 짧게 해야 한다. 기존의 고객도 있기 때문이다.

앞에서 언급한 식당 주인처럼 눈을 마주침으로써 조금만 더 기다려 달라는 부탁을 할 수도 있을 것이다. 아무 말 없이 10분 만에 음식이나 서비스를 제공하는 것보다는 중간중간 상황을 보고하면서 12분 만에 음식이나 서비스를 제공하는 것이 더 낫다. 후자의 경우 고객은 실제 12분이 걸렸어도 6분 정도밖에 걸리지 않은 걸로 느끼기 쉽다.[31]

간단히 마실 것이나 먹을 것을 줄 수도 있다. 사람은 몇 백 원짜리 커피 한 잔을 대접 받아도 왠지 빚진 것 같은 느낌을 가지게 된다. 간단하게 줄 수 있는 사탕 같은 것도 좋다. 어린아이와 같이 온 어른을 기다리게 하기 위해서는 어린아이를 공략하면 된다. 준비해둔 사탕을 어린아이에게 주는 것이다. 어린아이는 보통 그 즉석에서 사탕을 받아먹는다. 아이들의 흥미를 끌려면 그냥 사탕보다는 흔히 보기 힘든 고급사탕을 준비해둘 필요가 있다.

그러면서 기다리는 고객을 위해 서비스의 단계를 하나씩 높여가라. 예컨대 미용실에서 시간에 따라 소파에서 기다리는 고객을 머리하는 의자에 앉게 하는 것처럼 서비스를 진전시켜나가는 것이다. 그러면 고객은 마음속으로 '이제 조금만 더 기다리면 되겠구나'라고 생각하고 마음을 놓는다.

모든 일은 일사불란해야 한다. 그래서 기다리고 있는 고객으로 하여금 '저렇게 일을 일사불란하게 처리하는 것을 보니 프로다.

 서비스에 미쳐라

조금만 기다리면 되겠다' 는 생각을 하게 해야 한다. 혹시라도 안절부절못하는 모습을 보이면 안 된다. 조급해하는 모습을 보면 기다리는 고객들이 '아마추어구나' 라고 생각하게 되고, 그러면 기존 고객까지 불안감을 느끼기 쉽다. '손님 많다고 건성으로 서비스하는 것 아닌가?' 걱정하게 되는 것이다.

항상 고객과의 다음번
거래를 염두에 두라

정중하게 기다려줄 것을 요청했지만, 시간이 별로 없는 고객이어서 가야 된다면 어쩔 수가 없다. 어쩔 수 없음을 빨리 인정하라. 어쩔 수 없는 것은 어쩔 수 없다. 물론 기존 고객에게 양해를 구해서 정말 시간이 없는 고객에게 우선적으로 서비스를 베풀 수는 있다. 하지만 이 방법은 그다지 바람직하지 않다.

시간이 많은 사람은 드물다. 때문에 편안하게 마음먹어야 한다. 만약 다음에 오겠다며 고객이 나간다면 '쿠폰' 을 주는 것이 좋다. 약간 높은 금액이 찍혀있는 쿠폰을 주면서 '죄송합니다. 다음에 이용해주십시오' 라고 하는 것이다. 이는 고객으로 하여금 경쟁업체로 발길을 돌리지 않도록 하기 위한 방어 전략이다.

기꺼이 기다리는 고객이 있다면, 기존 고객과 돈 이야기를 소리 내서 하지 않도록 주의하는 것이 좋다. 한 번은 기존 고객과 돈 이야기를 소리 내서 한 적이 있었다. 몇 십 만원짜리 제품이었다. 그러자 여태까지 잘 기다리고 있던 고객이 매장을 그냥 나가버렸다. 그 고객이 갑자기 나가야 할 특별한 이유가 없었다.

지금 생각해보면 그 몇 십만 원에 놀라서 나갔던 듯하다. 자기는 몇 만 원짜리 제품을 구매하려고 왔는데 몇 십만 원 운운하니까 위축되었던 것이다. 고객은 상처받기 쉬운 어린아이와 같다는 것을 한시도 잊지 마라. 반대로 기존 고객이 저렴한 제품을 구매하는 것에 자격지심이 있는데, 거기다 대고 눈치 없이 돈 이야기를 소리 내서 한다면 어떻게 되겠는가?

굳이 가격을 말해야 한다면 돈 이야기는 '전자계산기'로 하면 된다. 전자계산기에 지불할 금액을 찍어 '고객님께서 결제해주셔야 할 금액은 이렇습니다' '그런데 디스카운트를 하면 이렇게 됩니다'라고 말하는 것이다.

그러면 고객은 '내가 많이 깎았나보다. 그러니까 다른 손님들이 모르게 하려고 전자계산기를 이용하는 거겠지!'라고 생각하기가 쉽다. 실제로 매장에선 고객들마다 할인폭이 다 다를 수밖에 없는데, 그 이유는 할인쿠폰을 가져온 고객도 있을 수 있고 VIP고객이라서 더 높은 할인율을 적용해야 하는 경우도 있기 때문이다. 만

약 기다리고 있는 고객입장에서 자기 앞 사람이 높은 할인율을 적
용받았다는 걸 알게 되었다면 어떤 마음이 들까? 자신도 그만큼
할인해주기를 바라지 않을까? 혹시나 해당사항이 없음에도 불구
하고, 앞 사람처럼 높은 할인율을 적용해달라고 강하게 요청해오
면 정말 난감해진다. 서비스맨은 기다리는 고객을 아주 사려 깊게
다루어서 고객을 결코 놓치지 않아야 한다.

Key Point

기다리는 고객을 잘 다루어야 한다. 고객의 마음은 어린아이와 같
다. 고객은 서비스맨이 자신을 염두에 두고 있고, 예측할 수 있는
시간 내에 자기가 원하는 서비스를 해주길 바란다.

고객의 감성은
무척 예민하다

나이가 들면서 '어쩔 수 없는 것은 어쩔 수 없다'는 생각을 자주 하게 된다. 내 아버지께서는 큰누나가 병으로 죽고 났을 때부터 '어쩔 수 없는 것은 어쩔 수 없다'는 말을 가끔 하셨다. 어쩔 수 없는 것에 연연하는 것은 좋지 않다. 진정한 서비스맨은 어쩔 수 없는 것에 연연하지 않는다.

'업業'이라는 단어에 대해 명확히 이해하는 서비스맨이 된다면 어쩔 수 없는 것에 덜 연연하게 될 것이다. 업이라는 단어는 불교적 용어지만, 나는 종교에 개의치 않고 자유롭게 사용한다. 흔히들 사용하는 '단골'이라는 말도 원래 무당을 가리키는 말이었다. 그런데 샤머니즘을 싫어하는 사람도 샤머니즘과 관련된 단골이라는 말을 일상적으로 사용하지 않는가?

'배운 게 도둑질'이라는 말이 있다. 도둑질이 직업職業이라는 얘기다. 직업이라는 단어에 '업'이 있지 않은가? '좋은 직업은 아니지만 업인데 어떻게 하겠냐? 운명인데 어떻게 하겠냐?'라는 냉소적인 질문이 '배운 게 도둑질'이라는 말 속에 들어 있다. 일정한 기간, 어쩌면 평생 그냥 해야 하는 일이 직업이다. 그리고 사람들에게는 일정한 기간, 아니 거의 평생 짊어지고 가야할 짐, 업이 있다.

결혼 1년 만에 파경을 맞이한 사람이 있었다. 솔직히 그는 성격이 좀 거친 편이었다. 세상에 '성질' 없는 사람이 어디 있냐고 하지만, 그는 보통 남자보다는 조금 심했다. 그래서 아내에게 잘해줄 때는 잘해주었지만 뜻하던 일이 마음대로 풀리지 않거나, 아내가 자기 말에 따라주지 않으면 폭발하곤 했다. 만정이 떨어질 정도로 성질을 냈다. 결국 여자는 친정으로 가버렸고 마침내 이혼을 했다.

무엇이 잘못되었는가? 모든 잘못이 정녕 그 사람에게만 있는 것인가? 부부관계에서 벌어진 잘잘못을 가리는 건 차치하자.

그 남자의 성격적 결함은 비단 그 혼자만의 탓이 아니었다. 어느 정도는 남자의 어머니로부터 비롯된 것이었다. 남자는 불같은 성격의 어머니 덕에 어려서부터 어머니에게 많이 맞았다. 물론 그렇다고 해서 어머니가 그를 사랑하지 않았다는 뜻은 결코 아니다.

또한, 그도 자기 아내를 많이 사랑했다.

　남자는 자신의 누나가 무엇이 잘못됐는지 충고했을 때 깨닫지 못했다. 이야기만 듣고 뭔가를 깨닫는 사람은 극히 드물지 않는가? 대부분의 사람들은 당해봐야 깨달으며, 당해도 깨닫지 못하는 사람들이 많다. 그래서 '당한 사람이 또 당한다' 는 말이 있는 것 아닌가? 당한 다음 깨달으면 그나마 다행이다.

예상치 못한 고객의 상처를 건드릴 수도 있다

　다행히도 그 남자의 경우엔 깨달음을 얻었다. 불교신자는 아니었지만 남자는 자신의 인생 경험을 통해 '업' 이라는 개념을 깨달았다. 한번은 그가 자신의 어머니에게 "어머니, 왜 그렇게 성질내시고 그러셨어요?"라고 묻자 그의 어머니는 "그러게 말이다. 어렵게 살다보니까 그렇게 되었다"라고 대답을 하셨다고 한다.

　이렇게 따지고 보면 그 사람 어머니의 잘못도 아니지 않은가? 남자가 그랬던 것처럼 남자의 어머니 또한 자신의 어머니와 아버지로부터 영향을 받았을 테니까 말이다. 이 세상에 태어난 것, 그 존재 자체가 '업' 이라는 생각을 하게 된 이후 남자는 누구도 원망

하지 않기로 했다. 부모님과 자기를 떠난 여자, 그리고 자기 자신에 대한 분노에서 벗어났다. 사실 그 남자는 자신이 한 여자의 인생을 망쳐놨다며 자괴감에 빠지곤 했는데, 그 이후로는 더 이상 자괴감에 빠지지 않았다. 오로지 업을 풀어야겠다고만 생각하였다.

그렇다! 마음에서 엉켜버린 일은 풀어야 한다. 적어도 맺히게 해서는 안 된다. 가능한 한 긍정적으로 생각하라. 이 세상에 태어난 것은 이 세상에 가득 차 있는 업을 조금이나마 작아지게 하기 위해서일 수 있다. 업을 풀면서 사는 사람은 인생을 제대로 살고 있는 사람이다. 다른 사람의 가슴에 상처를 주는 말을 겁 없이 하는 사람은 업을 만들면서 사는 사람이며 인생을 잘못 살고 있는 사람이다.

장사를 하다 보면 업이 많이 맺혀 있는 고객들을 자주 만난다. 예를 들어 잠시도 기다리기 힘들어 하는 고객이나 아주 미세한 하자도 참을 수 없어하는 고객, 디스카운트를 과도하게 하는 고객이나 아주 오랜 시간 진을 다 빼놓고는 그냥 가버리는 고객, 아니면 자신의 잘못으로 파손된 제품임에도 불구하고 뻔뻔스럽게 '나 몰라라' 하는 고객이나 클레임을 아주 거칠게 거는 고객들을 만난다.

이렇게 '짜증나는' 고객들을 만났을 때 '업'이라는 개념을 생각하라. 그 고객들도 그렇게 되고 싶어서 그렇게 된 게 아니다. 부모의 영향, 주위 환경의 영향 때문에 그렇게 된 것이다. 따지고 보면 그 고객들의 잘못이 아니다. 그건 그냥 어쩔 수 없는 일이다.

고객과 싸우면
300% 손해

　　　고객을 내 뜻대로 바꾸려고 하는 것은 너무나도 어리석은 짓이다. 기분이 불쾌해졌다고 해서 톡 쏘아붙이는 말을 하면 절대 안 된다. 그렇게 해버리면 "됐으니까요, 딴 데 가보세요. / 딴 데 가지 말라고 해도 딴 데 가요! 더러워서 여기 더 있겠어요? / 뭐, 어째? / 너, 지금 반말했냐! …… "와 같은 사태가 발생할 수도 있다.

어떤가? 업이 눈덩이처럼 커지고 있다. 좀 더 진전되면 차마 옮기기 힘든 육두문자들이 오고 가게 된다. 실제로 나는 이런 사태에 여러 번 휘말렸었다. 고객은 결국 그 가게에서 나가겠지만, 집에 돌아가 가족들에게 말을 할 것이다. 이는 곧 그 고객과 그의 가족, 그가 알고 지내는 많은 사람들과 적이 됐다는 뜻이다. 고객과의 싸움은 서비스의 끝장을 의미한다.[32]

'거기 좀 그렇다더라' 는 말을 들었음에도 불구하고, 그 매장에 서비스를 받기 위해 갈 사람들은 별로 없다. 나의 매장을 찾은 고객 한 분이 자기가 다니던 치과에 대해 악선전을 하는 것을 들은 적이 있다. 그 고객은 치과의사뿐 아니라 간호사들도 아주 불친절하다면서 한참 동안 열변을 토했다. 만나는 모든 사람에게 악선전하려고 마음먹은 것 같았다. 적어도 그날 하루 그 고객의 대화 주제는 그 치과였을 것이다. 잘잘못이야 어찌됐든 그 치과에 대한 좋지 않은 이미지는 아직도 내 머릿속에 남아있다. 고래 등에 박힌 작살이 쉽게 빠지지 않는 것처럼 그런 부정적인 말은 사람들의 뇌리에서 쉽게 빠지지 않는다.

업을 풀겠다는 생각, 아니 적어도 업이 더 맺히지 않게 하겠다는 생각을 하고서 고객을 대하지 않으면 눈덩이처럼 부푼 업이 언젠가 나를 내리누르게 된다. 고객이 거칠게 항의할 때 분명 내 잘못이 아니라 할지라도 '그 상황'이 벌어진 것에 대해 유감을 표시하라. "화가 나셨다면 미안합니다"라는 말 한 마디는 고객의 분노나 실망을 가라앉히는 데 도움이 된다.[33] 물론, 그렇게 업을 푸는 한마디를 하기가 쉽지는 않다.

예전에 〈뉴스〉 프로그램에서 아파트 층간 소음 때문에 쇠파이프가 난무하는 싸움이 벌어졌다는 소식을 들은 적이 있었다. 보통 사람들이 어떻게 조직폭력배들처럼 과격하게 쇠파이프를 들고 싸울 수 있었을까? 어느 한쪽도 업을 풀겠다는 생각을 하지 않았기 때문이다. 갈등을 해결하기 위해서는 예수의 말처럼 오른뺨을 맞았을 때 다른 뺨마저 내밀어주는 너그러움이 필요하다. 사실상 오직이 방법밖에 없다.

'눈에는 눈으로, 이에는 이로' 라고 말한 것을 여러분은 들었습니다. 그러나 나는 여러분에게 말합니다. 악한 사람에게 대항하지 마십시오. 도리어 누구든지 당신의 오른뺨을 때리거든, 그에게 다른 뺨마저 돌려 대십시오.[34]

Key Point

장사를 하다 보면 별별 사람들을 만나게 된다. 가끔은 터무니없는 요구를 하거나 억지를 부리는 고객이 있을 수도 있다. 그럴 때는 고객과 정면 대결하지 말고 피하라. 고객과 싸우면 300% 손해다. 맺힌 업을 푼다는 큰 생각으로 유연하게 상황에 대처하라.

일단 고객의 의견을 100% 긍정하라

간혹 자기 확신이 강한 고객을 대해야 할 경우가 있다. 그럴 때는 업을 풀어야 한다는 믿음을 바탕으로 '예스맨'이 되라. '믿음'이라고 하는 것은 정말 독특하다. 믿는 대로 상황이 전개되는 경우가 많다. 최소한 하루 3시간씩 운동했던 다른 선수들과의 경쟁에서 하루 30분씩 운동했던 보디빌더가 일등한 일이 있었다. 어찌된 영문인가 물었더니 그 보디빌더는 운동하는 시간은 짧았지만 운동을 할 때마다 머릿속으로 멋진 자신의 몸을 상상했다고 했다. 매일매일 자신의 멋진 몸을 상상하면서 자신의 몸도 그렇게 변할 것이라고 강하게 믿었던 것이다.

믿는 바대로 이루어지는 이와 같은 예는 수없이 많다. 입사 10년 만에 은행장이 되었던 사람이 있었다. 그러자 사람들은 어떤 비결로 그렇게 빨리 은행장이 될 수 있었냐고 물었는데, 그는 이렇게 대답했다고 한다.

"나는 입사했을 때부터 은행장이었습니다."

입사했을 때부터 자기가 은행장이라고 강하게 믿었던 것이다. 때문에 자연히 은행장으로서 알아야 할 것들이 눈에 보였고, 그런 것들에 대해 공부했다. 이렇듯 믿음이라는 것은 믿는 대로 상황을 만들고 이루어지게 하는 오묘한 힘을 가지고 있다.

때문에 자기 확신이 강한 고객에게는 특별히 어떤 말을 할 필요가 없다. 자기 확신이라는 강력한 보호막을 작동시켜놓은 고객은 다른 사람의 의견을 받아들이지 않는다. 어떠한 조언이나 충고도 그냥 튕겨 나올 뿐이다. 그럴 때는 그냥 '예'라는 말만 하면 된다. 예전에 나는 한 고객과의 대화에서 '예'라는 말을 거의 30번 정도 한 적이 있었다.

"너무 비싼 것 사서 뭐 하겠어요? 싼 것 사서 쓰다가 버리고 또 사야지요."

"예, 그렇지요."

"왜 싸면서도 좋은 걸 만들지 않는지 몰라."

"예, 그러게요."

"너무 싼 것을 사도 문제가 있긴 해요. 싼 게 비지떡이잖아요?"

"예."

"왜 '예'만 하세요?"

"너무 옳으신 말씀만 하시니까 '예'만 하게 되네요."

"이번에 한번 비싼 것 사볼까요?"

"예, 그렇게 하시지요."

…

결국 그 손님은 비싼 것을 샀다. 자기 확신이 강한 사람들을 어설프게 설득하려고 하면 오히려 반발심을 자극해서 더욱 자기 확신을 강해지게 하는 역효과를 거둔다. 나 역시 이 점을 깨닫기까지는 그런 식으로 반발심을 자극해서 고객이 문을 박차고 나가게 한 일이 많았다. 심지어 한 고객은 나가면서 '손님 뜻대로 팔기만 하면 될 것이지…'라고 말하기도 했다. 맞는 말이다. 손님 뜻대로 팔기만 하면 된다. 자기 확신이 강한 고객을 대할 때는 "예, 예" 하면서 그냥 그 뜻을 들어주기만 하면 된다.

서비스 화술에서 가장 많이 사용해야 할 접객용어는 "예" "고맙습니다" "죄송합니다"이다. 이 세 가지 용어를 3대 경제용어라고 한다. 왜냐하면 가장 간단한 말로 최대의 응대효과를 거두는 말들이기 때문이다. [35] 이 셋 중 가장 경제적인 용어는 당연히 "예"일 것이다. 단 일음절의 말로 큰 효과를 거두기 때문이다.

09

Yes, But 화법으로 설득하기

사람들에게는 모두 다 청개구리 기질이 있다. 하라고 하면 더 안 하고, 하지 말라고 하면 더 한다. 세상 사람들이 다 선하다는 믿음을 가지고 있다면 하라는 것만 하고, 하지 말라는 것 안 할 것이다. 세상 사람들이 선하지 않다고, 이기적이라고 믿기 때문에 청개구리처럼 하는 것 아니겠는가? 혹은 이렇게도 생각해볼 수 있다. 자기 자신이 이기적이기 때문에 남들도 자기처럼 이기적일 거라고 생각하는 것이다. 어쨌든 문제는 청개구리 기질을 가진 사람들이 거의 대부분이라는 점이다.

판매자와 구매자가 대립되어서는 안 된다. 판매자와 구매자이기 이전에 서비스를 하는 사람과 서비스를 받는 사람이기 때문이다. 고객이 원하는 대로 서비스맨은 단지 서비스를 할 뿐이다. 말 끝마다 '고객님이 원하시는 대로 하시면 됩니다' 라고 해야 한다. 고객과 서비스맨은 적이 아니라 같은 편이다.

판매자는 '가능한 한 비싼 제품을 팔았으면' 이라거나 '살지 말지 빨리 좀 결정하지' 라고 생각할 수 있다. 또, 구매자는 '무조건 싼 것이 좋다' 거나 '가족과 상의하고 다시 와야겠다' 고 생각할 수 있다. 싼 것이 좋다는 생각을 하고 있는 구매자에게 판매자가 비싼 것을 권하거나, 가족과 상의하고 다시 오려는 생각을 하는 구매자에게 판매자가 구매결정을 당장 내릴 것을 종용한다고 해보자. 그러면 대부분의 구매자는 구매를 결심하기는커녕 마음을 닫아버린다.[36] 청개구리 기질이라고 하는 불씨에 기름을 끼얹는 상황이 연출되는 것이다.

절대 애걸하지 않는다

"다음에 사는 것도 좋지만, 지금 사는 것도 좋을 것 같네요. 왜냐하면 이렇게 잘 어울리는 제품을 만나기가 쉽지 않거든요. 그리고 이런 제품은 금방 나갑니다. 또다시 주문하기가 힘듭니다. 요즘은 소량으로 생산하기 때문에 재주문을 할 경우 거의 재고가 없다고 하기 일쑤거든요. 저 같으면 지금 사겠지만 최종 결정은 고객님이 내리시는 것이니까요. 고객님께서 원하시는 대로 하시면 될 것 같네요"라고 말하는 것이 좋다.

우선 고객의 입장을 인정해준 후 차근차근 설명하여 이해를 시켜야 한다. 이런 화술을 Yes, But 화술이라고 한다.[37] Yes, But 화술은 고객의 청개구리 기질을 불식시키는 화술이다. But 화술을 구사하면 고객의 청개구리 기질이 약이 오른 뱀의 머리처럼 된다. 고객이 다소 무리한 요구를 할 때도 Yes, But 화술을 구사하라.

"고객님 원하시는 대로 해드리겠습니다. 하지만 이 제품이 고객님께 너무 잘 어울리기 때문에 좀 아쉽습니다. 이런 화려한 제품은 아무나 소화하기 힘들거든요. 고객님은 화려한 것이 잘 어울리는 분인데, 정말 아쉽네요. 어쩔 수 없지요. 고객님께서 굳이 교환을 원하신다면 그렇게 해드리겠습니다"라고 말하는 것이다.

보통 이렇게 순순히 고객의 요구를 들어주겠다고 하면 고객은 혼란을 겪는다. Yes를 기준으로 삼아 청개구리 기질을 발휘할 수 있는 것이다. 그래서 기존 제품을 그냥 사용해야겠다는 결정을 내리는 경우도 많다.

고객이 수리를 요청할 때도 마찬가지다. "수리가 가능합니다. 그런데 공장에 보내야 되거든요. 그래서 택배비가 좀 듭니다. 또 공장에서 실비를 조금 받습니다. 몇 만 원 나올 겁니다. 하지만 수리가 아주 매끄럽게 됩니다"고 말하게 되면, 고객은 수리가 가능하다는 것에 초점을 맞추고 비용이 든다는 사실에는 그다지 신경을 쓰지 않게 된다. 그런데 처음부터 "비용이 좀 듭니다"라는 말을 하면 고객은 속으로 '이 정도는 무상으로 해줘야 되는 것 아닌가?' 라고 생각할 수 있다.

구매자가 결정을 잘 하지 못할 때도 Yes, But 화술은 유용하다. "고객님께서 결정하셔야지요. 둘 다 괜찮습니다. 그런데 굳이 말하라고 한다면 이게 좀 좋을 것 같습니다. 디자인이 더 낫고 브랜드도 괜찮으니까요. 저 같으면 이걸로 선택하겠습니다. 비싸고 싸고를 떠나서 이게 좋을 것 같거든요. 하지만 역시 자기 마음에 드는 게 제일 좋은 거니까요. 고객님께서 결정하셔야지요"라고 말해보라.

여자가 와서 그분에게 경배하면서 "주여, 저를 도와주십시오!" 하고 말하였다. 그분이 대답하여 "자녀의 빵을 집어 강아지들에게 던져주는 것은 옳지 않습니다" 하셨다. 그가 말하길 "그렇습니다, 주여. 그러나 사실 강아지들도 주인의 식탁에서 떨어지는 빵 부스러기는 먹습니다"고 하였다. 그러자 예수께서 그에게 대답하여 "여자여, 당신의 믿음이 큽니다. 당신이 원하는 대로 이루어지기 바랍니다" 하셨다. 그러자 그 여자의 딸은 그 시간부터 낫게 되었다.[38]

여자는 Yes, But 화술을 구사했다. 화술의 대가였던 예수는 여자의 대답에 감명을 받았다. Yes, But 화술을 인정했던 것이다.

어떤 상황에서든 고객의 입장을 인정해준 후 차근차근 설명하여 이해를 시켜야 한다. 이런 화술을 Yes, But 화술이라고 하는데 Yes, But 화술은 고객의 청개구리 기질을 불식시키는 화술이다. 고객이 다소 무리한 요구를 할 때도 Yes, But 화술을 구사하라.

10

단호히 거절해야 할
고객의 요구는?

간혹 말도 안 되는 요구로 기가 막히게 하는 고객들이 있다. "지금 이 사람이 농담하나?" 싶을 정도로 비현실적인 고객들의 요구는 아무리 예스맨이라 하더라도 들어주기가 힘들다. 어쩔 수 없는 것은 어쩔 수 없고, 안 되는 것은 안 되는 것이다. NO라고 말해야 할 때는 NO라고 확실히 말하라.

물론 NO라고 말할 때는 좀 더 주의를 기울여야 한다. 약간이라도 언짢은 표정을 지으면서 NO라고 말하면 단번에 고객과의 관계가 단절될 수 있다. 더 나아가 또 다른 업을 만들 수 있다. '냉담한 아니오' 와 '최선을 다한 아니오' 가 있다고 하지 않는가?[39]

외상을 해 달라는 고객에 대해 생각해보자. '나는 단골인데 이 정도는 괜찮겠지!' 하는 생각으로 외상을 해 달라는 고객들이 있다. 이럴 때 외상을 해주어야 하는가?

　외상은 어떤 경우라도 절대 해주어서는 안 된다. 차라리 그냥 공짜로 주는 것이 낫다. 외상을 한 손님은 다시 안 올 확률이 80% 정도 된다고 말해도 크게 틀림이 없다. 보통 의도적으로 외상값을 갚지 않으려고 하는 손님은 별로 없다. 정말로 돈을 가지고 오려고 했지만 차일피일 미루다보니까 그렇게 된 경우가 대부분이다. 차일피일 미루다가 나중에는 미안해서 못 오게 되는 것이다. 외상을 해주면 결국 외상값도 떼이고 단골도 놓쳐버리게 된다. 설령 나중에 외상값을 받을지라도 그 기간 동안 지불해야 하는 심리적 비용이 만만치 않다.

　문제는 '어떻게 외상을 해 드릴 수 있겠습니까?' 라고 말해서는 절대 안 된다는 데 있다. 고객의 기분을 약간이라도 상하게 하는 말은 결코 해서는 안 된다.

　만약 피치 못한 상황에서 외상을 해줬다면 어떻게 할 것인가? 비공식적인 관계로 발전시킬 기회로 삼아야 한다. 3일에 한 번 정도 그러니까 1주일에 두 번 정도 전화를 하는 것이다. 돈 애기 대신 다른 이야기를 하라. 고객에 대한 칭찬이 좋다. 결국 돈을 가져오게 된다.

거절의 이유를 고객이
이해할 수 있어야 한다

한 서비스 전문가는 이런 말을 했다.

"만약 연봉으로 1만 달러를 받는 점원이 한 해에 서너 명의 고객을 화나게 한다면, 그 파급 효과는 일자리를 유지하기 위해 필요한 판매량을 초과할 수도 있는 것이다. 그런데 불행하게도 많은 회사는 하루에 서너 명의 고객을 화나게 하는 직원들을 고용하고 있다."[40]

그렇다면 어떻게 고객의 기분을 상하게 하지 않는 '최선을 다한 아니오'를 구사할 것인가? "단골이시니까 당연히 외상을 해주어야 된다고 생각합니다. 하지만 본사 방침을 저희는 따라야 되기 때문에 어쩔 수 없는 부분이 있거든요. 너무 안타깝습니다. 어떻게 하면 되겠습니까?"라고 말할 수 있을 것이다.

무리한 요구에는 외상을 해 달라는 요구뿐만이 아니라 선금을 걸지 않고 주문을 해 달라는 요구나 환불해줄 수 없는 상황인데 환불을 해 달라는 요구 등이 있을 수 있다. 그런 경우에도 역시 이렇게 대답할 수 있을 것이다.

"당연히 그렇게 해드리는 게 좋겠습니다만 어쩌지요? 날마다 본사에 보고를 해야 되기 때문에 그렇게 해드리기가 쉽지 않습니다. 양해를 해주시면 안 될까요?"

고객과 내가 한편이라는 것을 알게 하는 것이 핵심이다. 자칫 자기도 모르는 사이에 고객을 정면으로 바라볼 수가 있다. 고객을 정면으로 본다는 이야기는 고객과 내가 대립, 내지 대결하고 있다는 것을 의미한다. 고객과의 대결은 최악의 형세다. 고객이 나에게 정면으로 달려들 때, 그러니까 저돌적으로 달려들 때는 옆으로 살짝 비켜서라. 황소가 거칠게 쇄도하는데 투우사가 소의 뿔을 바로잡으려고 해서야 되겠는가? 십중팔구 그런 투우사는 황소의 뿔에 받혀 목숨을 잃게 되기 십상이다.

고객이 상황을 통제하고 상황에 참여하고 있다고 느낄 수 있도록 해주는 것도 중요하다. 누구나 자신의 삶과 주변에서 벌어지는 일에 대해 통제권을 갖고 있다고 느끼면 더 편안해한다.[41] 마지막에 "어떻게 하면 되겠습니까?"라는 질문을 던져 고객으로 하여금 결정을 하도록 종용하는 것이 그 예다. 말을 통해 고객이 상황을 통제하고 있다고 느끼도록 하는 것이다.

또, 스스로 포기하게 함으로써 자존심을 지킬 수 있게 하는 것이 좋으며 모든 부정적인 말은 긍정적인 말로 바꾸어서 말하는 지혜를 발휘해야 한다. "고객께 환불을 해드릴 수는 없지만 무료로 그 제품을 교환해드릴 수는 있습니다"[42] "방침 상 외상은 해드릴 수 없지만 훨씬 많은 할인 혜택을 드릴 수는 있습니다"와 같은 긍정적인 말을 항상 마지막에 덧붙이는 것이다.

"다만 여러분의 '예' 라는 말은 '예' 를, '아니요' 는 '아니요' 를 의미 하게 하십시오.[43]"

분명히 '아니오' 라고 말해야 할 때가 있다. 물론, 그 '아니오' 가 결코 또 다른 업을 만드는 '아니오' 가 되어서는 안 된다.

막무가내 고객은 차라리
관계를 끊어라

고객들 중에는 NO라고 하든 말든 막무가내로 무리한 요구를 하고, 별 대수롭지 않은 일로 클레임을 심하게 거는 사람들이 있다. 그런 고객과는 과감히 인연을 끊는 것이 좋다. 인연을 끊는 것이 업을 푸는 첩경일 수 있다.

'인연'이란 게 무엇인가? 인연은 사람 사이에만 있는 것이 아니다. 인연은 사람과 동물, 사람과 무생물과도 존재한다.

내가 아는 한 분은 분쇄하는 기계와 인연이 있었다. 이 사람이 중학생이었을 때, 실수로 고추 같은 걸 분쇄해 가루를 만드는 기계에 손을 넣었다. 그런데 다행히 옆에 있던 어른들이 잡아채서 손 전체가 들어가는 것을 막았기에, 손톱만 조금 망가졌을 뿐 별

다른 큰 일은 일어나지 않았다.

문제는 그가 어른이 된 후 거름을 분쇄하는 기계를 파는 장사를 하면서 일어났다. 시험가동을 하느라 기계 속에 막대기 같은 것을 넣어봤다가 워낙 분쇄력이 뛰어난 기계였던 까닭에, 그만 순식간에 손까지 빨려 들어가 버리게 되고 말았던 것이다. 기계에 손이 그냥 잘렸다면 접합수술이라도 했겠지만, 그분 같은 경우는 분쇄가 되어버렸기 때문에 수술도 할 수 없었다.

분명 그와 분쇄하는 기계 사이에는 인연이 있었다. 하지만 '악연'이었다. 악연이지만 인연은 인연이기 때문에 서로 심하게 끌어당겼던 것이다. 이런 경우 끌어당기기 때문에 끊기가 힘들다.

희한하게 여행을 하다보면 만나는 사람을 꼭 다시 만난다. 유럽을 여행할 때 세 번, 네 번 만난 사람이 있었다. 미국을 여행했을 때는 심지어 여섯 번까지 만난 사람도 있었다. 여섯 번째 만났을 때 그 사람이 이렇게 말했다.

"다섯 번째 만났을 때 저 사람을 다시 만나면 전화번호를 받아야 되겠다는 생각을 했는데, 결국 여섯 번째 다시 만나게 되네요."

사람의 인생은 한정이 있고 한정된 인생의 과정에서 만날 수 있는 사람도 한정이 있다. 그 한정된 일생 동안 나와 만나는 사람들은 모두 나와 인연이 있는 것이다. 부모와 자식 사이, 친구 사이, 연인 사이, 부부 사이는 그 인연의 깊이가 엄청나다고 할 수 있다.

'악연'을
다스리는 법

인연은 있다. 문제는 좋은 인연이 있는 반면 나쁜 인연, 즉 악연도 있다는 것이다. 나에게 도움이 되는 인연만 존재한다면 내가 불행에 빠질 필요가 없다. 사람이 불행에 빠지는 이유는 악연 때문이다. 새로 뽑은 자동차와의 인연이 그만 악연이어서 사고를 당한다면 얼마나 불행해지겠는가? 내가 행복해지기 위해서 악연은 과감히 끊을 줄 알아야 한다.

천륜이라고 하는 부모와의 인연에 대해서 생각해보자. 물론 부모 덕분에 이 세상에 나온 것이 사실이다. 하지만 계속해서 자녀의 인생에 해를 끼치는 부모도 있다. 그럴 경우 자녀가 부모와의 인연을 완전히 끊겠다는 생각을 하는 것은 문제가 될 수 있지만 어느 정도 거리를 유지할 수는 있다. 부모가 내 인생을 대신 살아줄 수는 없지 않은가? 내가 똑바로 서서 잘 사는 것이 결국 부모님께 효도하는 것이다.

부모도 마찬가지다. 자녀가 좋지 않은 행동을 계속해서 부모의 인생이 자녀 때문에 도저히 어떻게 안 될 지경에 빠진다면 어쩔 수 없이 자녀와 어느 정도 거리를 유지할 수 있다.

한번은 한 고객이 문이 부서지도록 거칠게 문을 열고 들어왔다. 그리고는 대뜸 "내가 올 줄 알았어요?"라고 물었다. 몰랐다고 대답하자 고객은 다시 비아냥거리는 투로 "내가 올 줄 알았냐고요?"
하는 게 아닌가. 재차 모르겠다고 하자 그때서야 고객은 자기가
온 이유를 설명했다. 그리고 내가 서비스해준 제품에 하자가 생겼
다면서 제품을 내 앞에 거의 던지다시피 내놓았다. 속에서 욱 하
는 것이 올라왔다. 동생뻘 되는 고객이었다.

일단은 꾹 참고 아무 말 없이 하자가 생긴 부분을 고쳤다. 고친
다음 그 고객에게 보여주자 그 고객은 분이 덜 풀린 목소리로 미
흡하다고 했다. 그 고객과의 인연을 끊어야 되겠다고 마음을 먹은
나는 환불해드리겠다고 말했다. 결국 환불을 해주었고 그 고객과
의 인연은 끊어졌다. 더 이상 그 고객과 가족은 오지 않았다.

하지만 나는 후회하지 않는다. 비록 최후의 수단을 사용하였지
만 인연을 끊음으로써 업을 풀었기 때문이다. 더군다나 내가 손해
를 본다는 느낌을 가지면서 인연을 끊었다.

인연을 끊을 때는 최대한 부드럽게 끊어야 한다. 그렇게 함으로
써 상대방으로 하여금 복수하겠다는 생각을 품지 않도록 해야 한
다. 복수를 해야겠다는 생각을 하게 하는 것은 오히려 인연을 강
화시키는 것이며, 그러면 악연이 지속된다.

"어디서나 여러분을 받아들이지도 않고 여러분의 말을 듣지도 않
는 곳에서는, 그 집이나 그 도시에서 나가면서 발의 먼지를 털어버리

십시오[44]"

악연 때문에 좋은 인연까지 영향을 받게 해서는 안 된다. 악연
은 끊어버리고 좋은 인연에 집중하라. 발의 먼지를 털어버리듯이
악연의 추억은 깨끗이 털어내버려야 한다.

Key Point

서비스맨도 사람인지라 도저히 상종하고 싶지 않은 고객이 있을
수 있다. 고객과의 인연이 악연이다 싶을 때는 차라리 과감히 관계
를 끊어라. 때로는 버리는 것이 가장 탁월한 선택일 수 있는 법.
어차피 버릴 패라면 과감히 버려라. 단 고객이 눈치 채지 못하도
록, 내가 손해를 보면서 버려라.

웬만해선 신뢰하지 않는
고객의 마음잡기

고객의 믿음을 얻기 위해서 많은 산을 넘어야 한다. 대체로 고객은 완전히 믿기 전에 의심을 한다. 서비스맨으로서 그런 의심을 예상하고 고객의 믿음을 얻기 위해 노력하라. 고객의 의심은 당연한 것이다.

고객이 혹시라도 의심할 수 있는 것에 대해 물어보지 않더라도 일단 이야기를 하라. 고객은 직접 눈으로 보여주면서 증명해주어야 안심한다. 실제로 자신의 의구심을 털어놓는 고객은 얼마 되지 않는다. 의구심이 드는 고객들 중 아마도 10% 정도만 직접 물어볼까? 대부분의 고객들은 쫀쫀하다는 말을 들을까봐 잘 묻지 못한다.

차라리 물어보는 고객은 대답해주면 되니까 상관없다. 오히려 문제는 물어보지 않는 고객들이다. 이들 고객은 뭔가 꺼림칙한 느낌을 가지고 돌아가게 될 것이고 한동안 그런 느낌을 떨치지 못할 것이다. 십중팔구 다른 사람들에게 물어볼 것이고, 만에 하나 어떤 사람이 그 의구심의 불에 기름을 끼얹기라도 한다면 재방문을 하지 않게 될 가능성은 아주 높아진다.

뭔가 의심나는 점을 물어보는 고객에게는 '물어봐주셔서 고맙습니다' 라고 말한 다음 자세하게 설명해주면 된다. "그냥 믿으시면 됩니다"와 같은 말은 절대 금물이다. 내 경우 장사에 처음 나섰을 때 시시콜콜 따지는 것이 귀찮아서 '그냥 믿으시지요!' 라는 말을 많이 했는데, 그러면 고객들의 표정은 상당히 굳어지곤 했다.

귀찮은 내색을 해도 안 된다. 또한 고객이 전혀 물어오지 않더라도 세세하고 시시콜콜하게 설명해주는 것이 좋다.

고객은 직접 눈으로 보고
만져봐야 안심한다

고객들로부터 자주 듣는 말이 "좋은 것을 해주는지, 안 좋은 것을 해주는지 어떻게 알겠습니까? 그냥 믿고 하는 것이지요"라는 말이다. 가공해서 판매하는 경우 이런 말을 많이 든다. 식육점에서 좋은 고기를 파는지 별로 좋지 않은 고기를 파는지 알 수 있는가? 고기에 대해서 잘 아는 사람 아니면 알기 힘들다. 유명한 불고기집에서도 수입육을 한우라고 속이고 파는 경우가 많은데, 정말 한우인지 어떻게 알겠는가? 고기에 대해서 잘 아는 사람 아니면 알기 힘들다. 많은 고객들은 '속고 속이면서 사는 거지!' 라고 생각한다.

고객의 의심을 풀어주는 가장 좋은 방법은 '보여주는 것' 이다. 품질보증서가 있다면 품질보증서를 보여주고, 고유의 마크가 찍혀 있는 경우라면 그 마크를 보여주면 된다. 어떤 경우는 수표처럼 빛에 비춰야 마크가 드러나는 경우도 있다. 혹시 너무 미세해서 육안으로 확인하기 힘들다거나 어떤 특별한 장치가 있어야만 확인 가능한 경우라면, 고객이 직접 눈으로 확인해볼 수 있도록 필요한 장치를 구입해두어야 한다. 예를 들어 쇠고기라면, 수입육과 한우를 구분하기 위해서 눈여겨봐야 할 부분을 직접 보여주며 확인시켜주어야 한다.

서비스맨은 고객에게 '보여주는 것' 에 신경을 쓸 필요가 있다. 아무리 사소한 것일지라도 차이점이 있다면 반드시 그것을 고객에게 보여주라. 그렇게 보여주면 고객들은 거의 '아~' 하면서 좋아한다. 특히, 가족이나 연인에게 선물을 해주는 고객은 더 좋아한다. 좋은 것을 선물해준다는 생색을 서비스맨이 대신 내주기 때문이다.

대금을 미리 받았다면 영수증을 반드시 작성해서 고객에게 주어야 한다. 몇 시간 뒤에 찾으러온다고 하더라도 영수증을 작성하고, 이를 보여주면서 건네주어야 한다. 고객으로 하여금 '혹시 판매자가 잊어버리면 어쩌지?' 하는 의심을 불필요하게 하게 할 이유가 무엇인가? 믿는다는 것이 얼마나 많은 에너지를 필요로 하는 것인지 모른다.

민감한 문제일수록
솔직하게 털어놓는다

보여주기 꺼려지는 경우에는 솔직하게 공개하는 것이 좋다. 즉, 고객이 어떤 제품인지 확인시켜달라고 했을 때 이를 증명하기 힘든 경우라면, 솔직히 아주 좋은 제품은 아니라는 점을 공개하고 그에 맞는 가격을 말해야 한다.

일본을 여행했을 때 '모스버거'라는 일본식 햄버거 패스트푸드점에 갔다. 여행 안내서에 유명한 일본식 패스트푸드점이니까 꼭 한번 가보라고 되어 있었는데, 모스버거의 특징은 주문을 하면 비로소 굽기 시작하는 것이었다.

나중에 알게 된 놀라운 사실은 다른 패스트푸드점들이 초저가 판매정책을 펼칠 때, '모스버거' 만큼은 가격할인을 하지 않았음에도 불구하고 매출이 늘어났다는 점이다. 비결이 무엇이었는가? 바로 솔직한 공개를 통한 믿음의 확보였다.

모스버거 매장에 가면 작은 칠판에 '오늘 사용한 양상추는 이바라기현 ○○군에 사는 다나카 씨가 재배한 것입니다' 와 같은 내용이 적혀 있다. 간혹 '대단히 죄송합니다만 태풍의 영향으로 양상추를 구입하지 못했습니다' 와 같은 솔직한 내용이 적히기도 한다.[45] 누군가가 '이 양상추가 이바라기 현에서 재배된 것이라는 점을 증명해주십시오. 이왕이면 특징을 보여주었으면 좋겠습니다' 라고 했을 때 떳떳하게 보여줄 수 없는 경우를 용인할 수 없다는 생각을 모스버거 경영진이 하고 있는 것이다.

고객에게 보여줄 수 있어야 한다. 정보를 솔직히 공개함으로써 믿을 수 있다는 느낌을 주는 것의 중요성은 아무리 강조해도 지나치지 않다. 앞에서 자랑을 하라고 했다. 자랑을 했으면 그 자랑이 허풍이 아니었다는 것을 증명하기 위해 보여주어야 한다. 보여주는 것은 다시 한 번 강력하게 주문을 발하는 것이다.

요즘 고객들은 너무 싸도 못 믿는다. '한두 번 당해본 게 아니다' 라는 말을 속으로 한다. 모스버거처럼 적당한 가격을 받으면서 확실하게 한다는 믿음을 주는 매장은 살아남는다.

"진실로 여러분에게 말하는데, 여러분이 돌이켜서 어린 아이들처럼 되지 않으면 결코 하늘 왕국에 들어가지 못할 것입니다"[46]

어린아이들은 솔직하다. 솔직함은 언제고 본받아야 할 좋은 덕목이다.

고객은 의심이 많다. 고객이 품을 수 있는 의심을 예상하고 고객의 믿음을 얻기 위해 노력하라. 서비스맨은 제품의 품질과 서비스를 안심하고 구입할 수 있도록 해야 할 의무가 있다. 고객이 물어보든 물어보지 않든 간에 고객이 알아야 할 사항을 친절하고 자세하게 설명할 필요가 있다. 그리고 보여줄 의무가 있다.

4부

생활에서 배우고 실천하는 '서비스의 기술'

곰탕보다 '깍두기'가 주목받는 곰탕집

손님이 많은 곰탕집들의 공통점은 깍두기가 맛있다는 사실이다. 그래서일까? 사람들은 곰탕보다 깍두기의 맛을 더 잘 기억한다. 곰탕집에서 곰탕이 맛있는 것은 당연하다고 여기기 때문에 큰 이익을 봤다고 생각하지는 않는다. 곰탕 값에 걸맞은 맛이라고 생각하기가 쉽다. 그러나 깍두기는 덤이기 때문에 당연한 것으로 여기지 않는다. 큰 이익을 봤다고 생각한다. 유명한 곰탕집의 곰탕 맛보다 깍두기 맛이 더 인상에 남는 이유가 여기에 있다.

사람에게는 공의감이 내재되어 있다. 자연스럽게 내가 이 정도 했으면 이 정도는 받아야 된다는 생각을 한다. 상대방이 뺨을 때리면 나도 때려야 한다는 생각을 누구나 한다는 것이다. 때문에 뜻밖에 커피 한 잔을 대접받으면 그것이 몇 백 원짜리 커피에 불과할지라도 왠지 빚진 것 같은 느낌을 가지게 된다. 고마워하게 되고 기억하게 된다. 사람들이 공짜를 좋아하는 이유가 바로 이것이다. 내재되어 있는 공의감 때문에 머릿속으로 계산을 확실하게 할 수밖에 없기에 공짜를 좋아하는 것이다. 공짜는 아무리 작은 것일지라도 계산을 잘하는 인간에게 있어 엄청나게 '큰 것'으로 느껴질 수밖에 없다.

사은품은 곰탕집 깍두기와 비슷한 '덤'에 해당한다. 장사가 잘 되는 가게들의 공통점은 사은품 주는 것의 가치를 무시하지 않는다는 점이다. 사람들은 상품의 질이 좋은 것이나 가격이 저렴한 것은 당연한 것으로 여긴다. 때문에 별로 고맙게 생각하지 않는다. 그러나 사은품은 기대하지 않았던 것이기 때문에 아주 좋아한다. 사은품을 주겠다고 미리 말하면 안 되는 이유가 바로 이것이다. 미리 말을 했을 경우 어떤 손님들은 사은품 안 받을 테니까 값을 깎아 달라고 한다. 사은품도 당연한 것으로 생각해버리는 것이다.

'곰탕보다 깍두기'라는 말을 명심하라. 깍두기에는 큰돈이 들지 않는다. 깍두기에 들이는 돈이 아깝다는 생각이 드는 것은 나의 공의감 때문이다. 깍두기가 더 많은 돈을 벌어줄 것이라는 생각을 함으로써 더 큰 차원에서 나의 공의감을 충족시켜야 한다.

미안함과 고마움을 동시에 느끼게 하라

가끔 사은품을 하나 더 달라고 하는 고객들이 있다. 그럴 땐 '저희도 돈을 주고 사와야 되어서 조금 어렵습니다'라고 할 수 있을 것이다. 물론 웃으면서 그렇게 해야 한다. 대체로 그렇게 이야기하면 다 이해한다. 하지만 기어코 하나를 더 달라고 하는 고객들도 있다. 그럴 땐 하나를 더 주어야 한다. 그 사람의 업을 풀어주어야 되기 때문이다. 끝내 하나를 더 받아야 직성이 풀리는 고객에게 끝내 하나를 더 주지 않았을 때 큰 손해를 볼 수 있다. 그 손님이 얼마나 많은 악선전을 하고 다닐지를 생각해보라. 이미 사은품 하나를 준 상태다. 사은품을 주면서까지 욕을 얻어먹어서야 되겠는가?

사소한 서비스에 대해서 서비스료를 받지 않는 것도 일종의 사은품을 제공하는 것으로 생각해야 한다. 사실은 사소한 서비스, 이를테면 무엇을 고쳐준다든지, 소모품을 교체해주었다든지 하는 것들에 대해서 서비스료를 받는 것은 정당한 일이다. 하지만 고객들은 그런 사소한 것에 돈을 쓰는 것을 아주 아까워한다. 작은 것에 큰 이익을 봤다는 느낌을 가지는 것과 마찬가지로 작은 것에 큰 손해를 봤다는 느낌을 가진다.

사소한 서비스를 받고 난 다음 고객이 '얼맙니까?'라고 묻는 것은 사실 '그냥 가도 되지요?' 라고 묻는 것이다. 당연히 '그냥 해드 릴게요' 라고 해야 한다. 그러면서 '쿠폰' 을 주는 것이 좋다. 예를 들어 오천 원짜리나 만 원짜리 쿠폰을 주면서 '다음에 들러주세 요' 라고 하는 것이다. 한 가지 조심할 것은 '다음에는' 이라고 하 면 안 된다는 사실이다. '지난번에는 오지 않았지요?' 라고 추궁하 는 것처럼 느낄 수 있기 때문이다. 그냥 '다음에' 라고 하는 것이 좋다. 쿠폰을 주지 않으면서 '다음에 들러주세요' 라고 해도 되지 만, 그러면 서비스해준 것에 대한 반대급부로 다음에 오라는 말로 손님이 이해할 수 있기 때문에 자칫 고객에게 거부감을 안겨줄 수 있다. 서비스도 공짜로 해줬고, 쿠폰까지 주면서 다음에 오라고 하는데 고객 입장에서 거부감을 느낄 수는 없지 않겠는가? 미안한 마음과 고마운 마음이 배가될 것이다.

센스 있는 한마디가
+α를 낳는다

사은품을 줄 때 하나 더 생각해야 할 것은 적합한 사 은품을 주어야 한다는 것이다. 예를 들어서 커플이 왔을 때는 똑 같은 사은품 두 개를 줄 수 있다. 한 쌍의 핸드폰 줄처럼 똑같은 모 양인데 색깔만 다른 것을 주어도 괜찮다. 별로 비싸지 않으면서도

 서비스에 미쳐라

오래도록 기억에 남는 특별한 사은품이 될 수도 있다.

혹시 나이가 많은 고객이라면 만보기와 같은 건강관련 사은품을 마련하라. 대개는 계절에 맞는 사은품이 좋다. 겨울철이면 장갑이나 핸드크림 같은 것이 좋고 비가 많이 오는 장마철이라면 우산이 좋다. 연중 어느 때라도 우산을 준비하고 있다가 비오는 날 우산을 사은품으로 주면 어떨까? 사은품이 중요한 만큼 다양하게 준비해둘 필요가 있다.

사은품을 주면서 의미 부여를 하는 것은 사은품의 가치를 극대화시키는 아주 유용한 방법이다. '겨울철에 손이 건조해지니까 바르세요'라고 하면서 핸드크림을 준다면 고객의 얼굴에 따뜻한 미소가 번질 것이다. 우산을 주면서 '산성비 맞으면 안 되니까요'라고 하는데 미소 짓지 않을 고객이 과연 어디 있겠는가?

손님에게 잔돈을 거슬러줄 때 새 돈을 주는 것도 사은품을 주는 것과 비슷한 맥락으로 이해할 수 있다. 빳빳한 종이돈을 받을 때 사람들은 누구나 아주 좋아한다. 매일 은행에 들러서 헌 돈을 새 돈으로 바꾸는 노력을 기울이라. 분명 보상을 받을 것이다. 전혀 돈이 들지 않는 사은품이 빳빳한 새 돈이다. 물론, 거스름돈으로 새 돈을 주면서 '복 돈입니다'[1]라고 의미를 부여해야 하는 걸 잊지 말아야 한다.

어떤 호텔에 아주 유능한 총지배인이 있었다. 노사문제가 발생할 때마다 그 총지배인이 직접 나서면 전 직원들이 동참하고 따랐다. 그 총지배인은 매일 아침 주머니에 사탕 20~30개를 넣고 출근했다. 호텔에서 청소를 하는 아주머니들에게 사탕을 건네주었다. 그러면서 "힘드시지요?"라고 말했다. 사탕을 받은 아주머니들은 모두 총지배인을 따르고 존경했다.[2]

　이렇듯 사은품의 위력은 대단하다. 그래서 정치인들이 사은품으로 수건 한 장이라도 나눠주고 싶어 하는 것이다. 사은품의 위력이 엄청나기 때문에 나라에서 법으로 금지하는 것 아닌가? 그러니 일반 매장에서는 반드시 '사은품' 증정을 실시해야 한다.

Key Point

사람들은 모두 '공짜'를 좋아한다. '공짜'를 마케팅에 이용하라. 가장 흔한 예는 사은품을 증정하는 일이며, 쿠폰이나 할인권을 주는 것도 일종의 사은품을 주는 것이다. 단, 사은품을 줄 때는 그 사은품에 적절한 가치를 부여하는 걸 잊지 않도록 하라.

고객의 실없는 농담도 허투루 듣지 마라

한 번은 80세 정도 되시는 할아버지가 매장에 오셨다. '할아버지께선 일제시대도 거치시고 6·25도 거치셨겠네요' 라고 말했다. 그러자 할아버지가 기다렸다는 듯이 일제시대 때 원자탄에 죽을 뻔한 이야기를 꺼내셨다. 사람들은 대개 자랑거리나 걱정거리를 가지고 있기 때문에 누군가 그것을 살짝 건드리기만 해도 기다렸다는 듯이 자랑거리나 걱정거리를 토해내곤 한다. 터지기 직전의 봉선화처럼 말이다.

"일제시대 때 일본에서 돈을 벌고 있었거든. 히로시마로 물건 실어 나르는 배에서 일을 했는데 원자탄 터지기 전날 히로시마로 들어갔지. 그런데 선장이란 놈이 아가씨 집에 가서 오질 않는 거

야. 그때는 핸드폰도 없었으니까 내가 밤에 빨리 가자고 난리를
쳤지. 뱃고동을 계속 울렸어. 그랬더니 오더라고. 강이 얕아서 겨
우겨우 빠져나왔는데 그 다음 날 히로시마에 원자탄이 터졌지."

할아버지 덕분에 배에 있던 사람들이 다 살게 된 거냐고 묻자
할아버지는 "그렇지. 내가 17명 살렸지!"라고 말씀하셨다. 그날 이
후 할아버지는 나의 '충성고객'이 되었다. 단지 할아버지 말씀을
잘 들어준 것만으로 얻어진 결과였다.

또 언젠가는 부부가 매장에 들렀다. 남편을 보니 병색이 완연했
는데, 모른 척하는 것도 예의가 아니고 어디가 아프냐고 묻기도 뭐
해서 "날씨가 흐려서 좀 피곤하시지요?"라고 말을 건넸다. 그러자
남편 분이 10년 전에 암수술을 받았는데 최근에 재발해 온몸으로
퍼졌다면서, 얼마 뒤에 수술을 받을 거라고 하는 것이었다. 안타
까운 마음에 나는 "아이고, 걱정이 많으시겠네요. 제 어머니도 암
수술을 받으셨는데… 수술 잘 되셨으면 좋겠습니다"라고 말했다.

그 부부의 걱정거리를 들어준 것이었다. 위로를 해주었다고 할
수도 있지만 위로와는 약간 다르다. 감히 어떻게 타인을 위로해줄
수 있겠는가? 단지 잘 들어주면 그것으로 충분하다. 이후 그 부부
는 물론 그 가족과 친척 모두가 나의 충성고객이 되었다.

곧 군대에 가는 아들과 아버지가 매장에 왔을 때였다. 측은한
마음이 들어 아버지에게 "걱정이 많으시겠습니다"라고 하자 기다

리기라도 했다는 듯이 "요즘 잠이 안 와요"라고 화답했다. 이때 중요한 것은 '표정'이다. 감정이입을 하여 서비스맨은 연민, 고통스러운 감정을 느끼는 것이 가장 좋다. 그것이 어렵다면 최소한 고통을 느끼는 표정이라도 지어야 한다.

이런 일도 있었다. 혼자 살고 있다는 할머니에게 슬픈 표정을 지으면서 '적적하시지요?' 라고 말했는데, 할머니 눈에 눈물이 고이는 게 아닌가? 이후 할머니 역시 나의 충성고객이 되었다.

감정을 공유한다는 게
포 · 인 · 트!

자랑거리는 웃음과 관련되고 걱정거리는 슬픔과 관련된다. 누구든 자랑거리와 걱정거리를 동시에 가지고 있다. 서비스맨으로서 갖춰야 할 중요한 자세는 자랑거리든 걱정거리든 무조건 '잘 들어주는 것'이다. 상대방의 말을 들을 때는 고개를 끄덕여주거나 맞장구를 쳐주면서 호응해주는 것이 중요하다.[3] 눈을 맞추는 것도 중요하다. 눈을 맞추는 것은 내가 집중해서 잘 듣고 있다는 증거가 되기 때문이다.[4] 그래서 한 전문가는 "눈을 맞추고 상대방이 하는 말에 귀를 기울이는 훈련을 하라. 다른 생각은 접어두라"[5]고 말했다.

무엇보다도 고객이 자랑거리를 이야기할 때는 함께 기뻐해주고 걱정거리를 이야기할 때는 함께 슬퍼해주는 것이 중요하다. 기쁨은 두 배로, 슬픔은 반으로 만들어야 한다. 자랑거리를 이야기하는데 슬퍼하는 표정을 짓는다든지 걱정거리를 이야기하는데 기뻐하는 표정을 짓는다면 상대의 말을 경청하고 있다고 생각하기 힘들다.

사간 지 얼마 안 된 제품을 망가뜨린 다음 가지고 오는 경우가 있다. 전적으로 나의 잘못이 아니라고 해서 강 건너 불구경 하듯이 '어쩌겠어요? 다시 사셔야지요'라고 말해서는 절대 안 된다. 어쩌면 좋겠냐는 듯이 안타깝다는 인상을 주어야 한다. 공감한다는 뜻을 전달하는 것이다. 이런 종류의 인상은 미소를 짓는 것보다 더 큰 효과를 거둔다. 나는 이런 종류의 인상을 잘못 지어 손해를 본 적이 많았다. 담담한 얼굴 표정을 지었던 것이다. 한 고객은 제3자와의 뒷담화를 통해 나의 담담한 표정에 배신감을 느꼈음을 드러냈다.

잘 들어주는 일은 매우 깊이가 있는 일이다. 고객이 늘어놓은 걱정거리를 듣는 중이라고 해보자. 아무래도 어느 정도 나이가 든 서비스맨이라면 더 잘 들어줄 수 있을 것이다. 산전수전 두루 겪어본 사람이 다른 사람의 슬픔에 더욱 잘 공감할 수 있는 것 아닌가? 고객이 자랑거리나 걱정거리를 이야기할 때 진정으로 자기 일처럼 기뻐하거나 슬퍼해줄 수 있다면 흔히 하는 말로 '게임 끝'이다. 경청은 고객의 마음을 얻는 데 가장 효과적이란 뜻이다.

솔직히 자기 일처럼 기뻐해주거나 자기 일처럼 슬퍼해주는 사람들을 주변에 많이 두기란 매우 힘든 일이다. 나와 친한 후배의 이야기다. 그는 아주 어려운 시험에 합격한 후 자신의 가족뿐만 아니라 주위의 많은 사람들이 자기 일처럼 기뻐하며 축하의 말을 해줄 거라고 기대했다. 그런데 전혀 뜻밖에도 그런 사람은 많지 않았다고 한다. 가족을 제외하고 자기 일처럼 기뻐해준 친구나 선후배가 세 명을 넘지 않았다는 것이다.

찰스 W. 엘피어트 박사는 "상대방과 상담을 하는 데 별다른 비결 같은 것은 없다. 단지 상대의 이야기에 귀를 기울이는 것이 중요하다. 어떤 아첨도 이보다 더 큰 효과를 발휘할 수 없다"라고 말했다.[6]

마리아는 예수께서 계신 곳에 도착하여 그분을 보자, 그분의 발치에 엎드려 "주여, 만일 당신이 여기 계셨더라면 제 오라비가 죽지 않았을 것입니다"라고 말하였다. 그러자 예수께서는 그가 울고 또 그와 함께 온 유대인들도 우는 것을 보시고 영으로 신음하고 괴로워하셨다. 그리고 그분은 "그를 어디에 뉘어 놓았습니까?" 하고 말씀하셨다. 그들은 "주여, 와서 보십시오" 하고 말하였다. 예수께서는 눈물을

흘리셨다.[7]

　예수도 가족을 잃고 슬픔에 빠져있는 사람의 말을 잘 들어주었다. 그랬기 때문에 온전히 공감하여 눈물을 흘렸던 것이다. 틀림없이 예수의 얼굴은 진심으로 슬픈 표정이었으리라는 것을 짐작할 수 있다.

Key Point

고객이 쳐놓은 높은 경계의 벽과 의심의 문을 통과하기 위해선 커뮤니케이션이 필요하다. 서비스맨은 고객의 자랑거리라든가 걱정거리들을 공유함으로서 고객의 업을 풀어줄 수 있을 뿐 아니라 충성고객을 확보할 수 있다. 고객과 소통하는 데 필요한 시답잖은 기술 따윈 없다. 그냥 진지하고 열심히 고객의 말에 귀 기울이면 충분하다.

한번 방문한 고객은
똑똑히 기억해둘 것

    젊은 나이에 치매에 걸린 여자 주인공이 나오는 영화를 본 적이 있다. 그 여자 주인공에게는 사랑하는 남자가 있었다. 시간이 지날수록 그녀가 애인을 몰라보는 경우가 늘어났다. 자신을 기억하지 못하는, 사랑하는 여자를 보는 남자의 아픈 마음을 잘 보여주었던 영화였다.

  복제 인간을 만들었다 하더라도 그 복제 인간이 나와 똑같은 기억을 가지고 있지 못하다면 그 복제 인간은 단지 나와 똑같이 생긴 다른 인간일 뿐이다. 기억의 유무가 개체의 속성을 결정짓는 것이다. 아무리 나를 사랑했던 한 여자가 있다고 하더라도 그 여자의 기억이 일순간에 사라져버리면 그 여자는 내가 그 전에 사랑했던 여자가 아니게 된다. 기억이란 이렇게 중요한 것이다.

서비스맨으로서 자신의 매장을 찾아준 고객을 기억하는 것도 이런 의식의 연장선상에 있으며, 고객을 기억하는 일은 그래서 아주 중요하다. 같은 가게에서 여러 번 물건을 구입했는데도 자신을 기억해주는 사람이 아무도 없다면 얼마나 섭섭할 것인가! 내 쪽에서는 반갑게 아는 체를 했는데 상대방이 전혀 모르겠다는 듯이 나오면 자존심이 상하기 마련이다. 매번 숙박카드를 적어야 하는 호텔과 "여러 번 이용해주셔서 감사합니다. 고객님께선 이름만 적어주셔도 됩니다"라고 말하는 호텔, 자신이 고객이라면 어느 쪽을 택할 것인가? 두 호텔의 서비스 승패는 명료하다.[8]

항상 그 매장을 지키는 사장이나 매니저가 필요한 이유가 바로 여기에 있다. '얼굴마담'은 일종의 매니저다. 얼굴마담이 필요한 이유는 그 마담이 고객들을 기억하기 때문이다. 고객들을 기억하지 못하는 얼굴마담이 무슨 소용이 있겠는가? '고객 기억하기'에 소형매장의 생존전략이 숨겨져 있다. 대형 매장의 사장이나 매니저가 고객들을 기억하기는 현실적으로 힘들다.

학생들도 선생이 자신들을 기억해주면 좋아한다. 한 번은 대출을 한 학생이 있어서 내가 "아무개 학생은 내가 기억해버렸습니다. 다시는 대출하지 마세요"라고 말했다. 좋지 않은 계기를 통해서였지만 어쨌든 그 학생을 기억하게 되었다. 그 학생은 내가 자기를 기억하는 것을 그다지 싫어하지 않는 것 같았다. 분명 기분 나빠하지 않았다. 어찌 되었던 내가 다른 사람에게 기억된다는 것은 좋은 일이다. 때문에 헤어진 옛 애인에 대한 철저한 복수는 잔인한 망각이라고 하는 게 아닌가?

만약 어떤 고객의 이름이 특이하거나 재미있다면 긍정적인 쪽으로 견해를 말할 수 있다. 사람들은 대개 자신의 이름에 긍지를 가지고 있기 때문이다. 고객의 이름을 확인하고 불러주는 것이 좋다.[9] 그렇게 하여 고객의 이름을 기억하려고 노력할 수 있다. 그러나 그런 노력을 기울인다고 하더라도 고객들의 이름을 일일이 다 기억하기는 불가능하다. 어떻게 할 것인가?

고객카드, 적극 활용하기

고객카드를 잘 활용해야 한다. 가장 중요한 기입 사항은 역시 그 고객의 자랑거리, 혹은 걱정거리이다. 비록 그 고객의 이름은 기억하지 못했지만 고객카드를 통해서 그 고객과 나누었던 대화의 주제를 기억해내면 만회가 되고 남는다. 당연히 고객은 "어떻게 그것을 기억하세요?"라고 물어볼 수밖에 없다. 물론 "고객카드에 기록해두었지요"라는 말은 전혀 할 필요가 없다.

"지난번에 아드님이 대학교 합격했다고 하셨는데 여전히 공부 열심히 하지요?"라고 물어본다든지 "지난번에 수술하신다고 하셨는데 수술은 잘되셨나요?"라고 물어보는데 어떤 고객이 감동을 받지 않겠는가? 이것이 바로 고객감동이다. 고객카드에 특기되어 있는 사항이 없다면, 혹은 고객카드를 볼 상황이 안 된다면 그냥 '잘 지내시지요?'라고 묻는 것만으로도 충분할 수 있다. 그렇게 물어봄으로써 고객에게 내가 기억하고 있다는 것을 표현하는 것이다.

고객카드를 작성하는 일은 남는 시간에 그냥 하는 일이 아니다. 방문했던 고객이 매장을 떠난 뒤 곧바로 해야 하는 일이다. 다른 고객을 상대하다 보면 이전 고객과의 기억이 상당 부분 사라지기 때문이다. 오후 늦게 오전에 왔다간 고객과의 대화를 떠올리려고 하면 중요한 사실들이 거의 기억나지 않는 것에 난감함을 느끼게 된다.

고객카드를 작성하는 일은 사장, 혹은 매니저의 일이다. 어떤 백화점의 한 숍 매니저는 연봉이 2억 이상 된다고 한다. 그렇게 연봉이 높은 이유가 무엇인가? 바로 그 매니저가 가지고 있는 수첩 때문이다. 그 수첩은 일종의 고객카드인데, 좀 더 비밀스러운 고객카드라고 할 수 있다. 그 매니저만 볼 수 있기 때문이다. 만약 그 수첩을 잃어버린다면 어떻게 되겠는가? 그 수첩이 수십억의 가치를 가지고 있다고 말해도 과언은 아니다. 그 매니저가 그 수첩을 부하 직원에게 맡기겠는가? 고객카드 작성과 관리는 매장 최종 책임자의 고유 권한이다.

상주하는 매니저가 없는 매장인데 설상가상으로 직원들이 교대로 근무하는 매장이라면 특히 고객카드에 철저히 의존해야 한다. 고객은 자신을 기억해줄, 지난번에 거래했던 직원이 있을 것이라 기대하고 왔는데 다른 사람이 있다는 것을 알게 되면 당연히 실망한다. 지난번 직원보다 실력이 더 없는 직원일 것이라고 생각하기 쉽다. 사람은 보통 부정적으로 생각하게 되기 때문이다. 고객카드 기록에 주의를 기울여 인수인계가 확실해질 수 있도록 하여야 한다.

Key Point

서비스의 시작은 고객을 기억하는 것으로부터 시작한다. 평소에 고객카드를 작성해두었다가 고객을 기억하고 서비스하는 데 적극 활용하라. 사람들은 누구나 대접받기를 원하며 기억되기를 희망한다.

최신의 깨끗한 설비는
'일류' 라는 느낌을 준다

도구의 도움을 받지 않고 할 수 있는 서비스업은 거의 없다. 베트남을 여행했을 때 길거리 이발소를 봤다. 거울 하나를 걸어두고 이발을 하고 있는 광경이 재미있었다. 그런 서비스에도 거울과 의자, 가위, 빗이라는 도구가 필요하지 않는가? 필요한 기자재를 사는 데 드는 돈은 아끼지 않아야 한다.

도구가 발달하는 것과 궤를 같이 해서 인간의 역사도 발달했다. 구석기 시대와 신석기 시대를 나누는 기준은 바로 도구다. 구석기, 즉 찌르기용 석기는 동물용 석기였다. 동물은 찌르기만 하면 죽었다. 신석기, 즉 베기용 석기는 식물용 석기였다. 식물을 수확하기 위해서는 베어야 했다. 화약이 개발되면서 성이 무용지물이 되었다. 대신 참호가 개발되었다. 참호는 음적인 성이었다. 참호가 없었다면 제1차 세계대전 때 독일이 쉽게 전쟁에서 이겼을지도 모른다. 참호 때문에 개발된 도구가 탱크고 독가스였다. 탱크를 잘 활용한 히틀러는 제2차 세계대전 초에 승승장구할 수 있었다. 최신 도구를 먼저 사용하는 사람이나 집단이 역사의 선봉에 서는 법이다.

초창기에 카드 체크기 사업을 하던 친구가 해준 어떤 사람의 이야기다. 체크기가 처음 나왔을 때, 본사에서는 기계를 무상으로 지급했다. 그런데 그 사람은 체크기를 대당 2~30만 원씩 받고 팔았다고 한다. 초창기라 잘 몰랐던 까닭에 사람들은 그 기계를 으레 돈 주고 사야 하는 것으로 알았던 것이다. 친구는 그 사람이 한 군^郡에서만 약 5억 정도를 벌었다고 말했다.

예전에는 체크기가 없었다. 대신 카드를 긁는 수동기구가 있었다. 그러다가 승인번호를 받는 단말기가 나왔고 그 다음에 카드만 통과시키면 승인번호가 인쇄되어 나오는 체크기가 나왔다. 분명 편리한 기계였기 때문에 사장들이 2~30만 원씩을 주고 산 것이었다. 그런 도구가 나왔을 때 그런 도구를 널리 퍼뜨릴 생각을 했으면 어땠을까? 휴대폰이 나왔을 때 휴대폰이라는 도구를 널리 퍼뜨릴 생각을 했다면 아마 아주 큰 돈을 벌었을 것이다.

시대와 발맞춰가라,
정지하면 후퇴한다

새로운 도구가 돈을 벌어들이는 이유는 무엇인가? 도구가 인간에게 '서비스'를 하기 때문이다. 도구는 인간의 편리를 위해 만들어진다. 타자기가 나왔을 때 얼마나 편리했는가? 하지만 컴퓨터가 나왔고 다시 노트북이 나왔다. 그런가 하면 예전에는 줄이 달린 마우스를 사용했는데 지금은 무선 마우스를 사용하고 있다. 너무 편리하다. 이런 도구들이 나에게 서비스를 베풀고 있기 때문이다.

진정한 서비스맨은 최고의 도구와 결합된 최고의 기술로 최고의 서비스를 행하려는 생각을 가지고 있어야 한다. 최고의 기술로만 서비스를 하려고 해서는 안 된다. 가능한 모든 것을 총동원해야 할 것 아닌가? 인간이 진보하기를 멈추지 않는 한 새로운 도구는 반드시 나온다. 서비스맨은 본질적으로 서비스를 위해 태어난 도구에 대한 애정을 뜨겁게 유지해야 한다.

Key Point

새로운 도구를 서비스에 접목하라. 인간의 편의를 위해 개발되고 진화하는 최신 기계, 설비는 서비스의 진보를 가져오며 더 높은 수익 창출에 기여한다.

고객의 일거수일투족을 주시하라

학기 초에 강의를 시작할 때면, 나는 학생들에게 옆 사람과 소곤거리지 말 것과 강의 중에 반드시 핸드폰을 꺼놓을 것을 당부한다. 그 이유로 내가 무척 예민한 사람이기 때문이라고 하면 학생들은 조금 의아한 듯 쳐다본다. 대부분 자신을 털털하다고 소개하지, 아주 예민하다고 말하는 사람들은 드물기 때문이다. 나는 학생들에게 남자 피아니스트 이야기를 한다.

"쇼팽의 아주 빠른 곡을 멋지게 연주하는 남자 피아니스트가 있다고 해봅시다. 멋지겠지요? 그 멋진 남자 피아니스트가 멋지게 피아노를 치기 위해서 얼마나 많은 연습을 하겠습니까? 만약에 연주를 하는데 하나라도 '틱' 잘못 치면 청중들은 금방 알아챌 겁니

다. 음악은 고도의 조화를 추구하잖아요? 고도의 조화가 조금이
라도 깨지면 표가 확실히 납니다. 멋지게 연주하기 위해서 그 남
자 피아니스트는 얼마나 예민한 상태가 되겠습니까? 얼마나 예민
하게 연습을 하겠습니까? 멋진 것을 추구하는 사람들은 모두 예
민할 수밖에 없습니다. 나도 멋지게 강의를 하고 싶기 때문에 예
민한 것입니다. 강의를 하는 것은 즉흥 랩을 하는 것과 비슷합니
다. 리듬을 타야 되거든요. 그런 흐름을 깨는 소곤거리는 소리나
핸드폰 소리를 어떻게 용납할 수 있겠습니까? 나는 최대한 예민
해질 겁니다. 여러분도 뭔가 멋진 것을 추구한다면 최대한 예민해
져야 됩니다. 조용히 강의를 들을 자신이 없는 학생들은 수강 정
정을 하세요."

최고의 서비스를 결정짓는
마지막 1%

서비스를 제공할 때 한없이 예민해져야 한다. 최고의
기술을 다하기 위해서는 예민해져야 하지 않겠는가? 직접 무엇인
가를 제작하여 판매하거나 가공하여 판매하는 서비스를 제공하는
경우 확실히 최고의 기술을 다해야 할 것이다. 그러나 단지 옷을
판매하는 경우에도 고객에게 가장 잘 어울리는 옷을 골라주기 위

해 최고의 기술을 발휘해야 한다. 컬러와 디자인을 고려하여 고객에게 가장 잘 어울리는 옷을 골라주기 위해서는 숙련된 능력이 필요하다.

어떤 분야에 종사하는 서비스맨이든 숙련된 능력을 가지고 있어야 한다. 숙련된 능력을 가지고 있는 장인의 모습을 구현해야 한다. 서비스맨은 상인보다 장인에 가깝다. 여러 매장을 거느리고 있는 사장이 있다면 그 사장은 장인보다는 상인에 가까울 것이다. 그러나 고객을 직접 상대하는 사장이나 매니저, 직원은 장인에 가깝다. 작품을 직접 만드느냐의 여부가 중요하다. 옷을 기가 막히게 잘 골라주었다면 멋진 작품을 만들었다고 할 수 있지 않겠는가?

모름지기 장인은 예민해야 한다. 장인정신이라는 것이 무엇인가? 그릇을 빚은 다음 약간이라도 흠이 있다 싶으면 과감히 깨버리는 도공의 마음. 바로 그런 예민함, 완전성을 위해 마지막 1%의 실수나 소홀함도 용납하지 않는 마인드가 장인정신이다.

마지막 1%까지 세심하게 따져보고 고뇌하는 모습을 고객에게 보여주어야 한다. 예컨대 서비스맨이 옷을 골라주면서 고객이 빨리 결정하기만을 바라는 듯 건성으로 '잘 어울린다'고 말했다고 하자. 그렇다면 그는 마지막 1%까지 최선을 다하는 서비스맨이 아니다. 고객이 신뢰하는 서비스맨은 진심을 다해 고객과 잘 어울리는지 아닌지, 탁월한 선택인지 아닌지 고민해보고 추천하는 사람

이다. 마지막 1%에도 최선을 다하는 서비스맨이 고객에게 인상적
인 서비스를 제공하며, 그런 멋진 서비스는 무형의 '작품'이 된다.
할 수만 있다면 한없이 예민한 서비스맨이 되라.

제품은 꼭 멋진 케이스와 멋진 쇼핑백에 담아라 ⁰⁶

서비스맨의 복장이 중요한 것처럼 제품의 포장이 중요하다. 매출을 더 올리고 싶다면 제품의 케이스와 쇼핑백에 좀 더 신경을 쓰라. 제품이 소중할수록 제품의 비유인 케이스나 쇼핑백이 좋아야 한다. 고가의 제품은 고유의 케이스를 갖고 있다. 브랜드 제품인 경우 그 브랜드가 케이스에 인쇄되어 있거나 새겨져 있다.

보통 제품을 케이스에 담은 다음 그것을 쇼핑백에 담아준다. 옷 같은 경우는 특별한 케이스가 없기 때문에 그냥 쇼핑백에 담아주는데, 어느 정도 고급스러움이 엿보이는 쇼핑백에 담아주는 게 좋다. 시장에서 사용하는 검은색 비닐봉투에 담아서 주면 제품이 가치 있게 여겨지지 않는다. 쇼핑백을 든 고객이 어깨가 으쓱해져 다른 사람들이 봐주기를 바랄 정도로 쇼핑백이 고급스럽다면 좋다. 또, 쇼핑백에 인쇄되어 있는 브랜드의 인지도가 높고 유명하다면 금상첨화다.

판매하는 제품이 작은 것이어서 굳이 쇼핑백에 담아줄 필요가 없다고 생각하는가? 생각을 바꿔라. 쇼핑백은 제품만 담는 '백'이 아니라 훌륭한 홍보매체다. 쇼핑백에 제품을 담으면서 매장과 다른 제품에 관한 홍보용 전단지나 쿠폰, 사은품을 함께 넣어줄 수 있기 때문이다.

보통 나는 광고용 전단지와 다른 홍보용 전단지를 꼭 같이 넣어 주었다. 광고용 전단지와 홍보용 전단지는 다르다. 전자는 보통 언제까지 '세일 행사'를 한다는 등의 내용이 들어가지만, 후자는 매장의 특징이나 사장이 특별히 중요하게 생각하는 점 등이 기술되어 있다. 고객들에게 구매한 제품이 얼마나 괜찮은 제품인지를 믿게 하는 주문이 담겨 있는 전단지가 홍보용 전단지다. 이런 여러 가지 홍보물과 전단지는 쇼핑백을 사용하지 않는다면 따로 넣어주기가 힘들다.

작은 소품도
광고매체로 활용한다

많은 매장에서는 '광고'의 목적으로 사은품을 주기도 한다. 사은품에는 항상 고유의 상표와 로고가 눈에 띄도록 인쇄되어 있거나 새겨져 있다. 고급스러운 사은품일 경우 상당히 오랫동안 사용하는 고객들이 많다. 그래서 주위 사람들도 그 상표와 로고에 익숙해지게 된다. 예를 들어 소풍갈 때 들고 가기 좋은 고급스러운 도시락 세트를 고객에게 사은품으로 증정했다고 하자. 도시락 세트를 담는 도시락 가방에 내 매장의 브랜드를 눈에 띄게 새겨놓으면, 그 사은품을 본 주위 사람들은 '이왕이면 저 매장에 가야 되겠구나!' 라는 생각을 할 수 있다.

광고를 하기 위한 사은품으로 좋은 것은 볼펜이다. 볼펜은 거의 전단지 수준으로 뿌릴 수 있다. 매장의 브랜드가 인쇄되어 있는 볼펜을 학교 앞에서 등교하는 전체 학생들에게 뿌린다고 해보자. 거의 대부분의 학생들이 볼펜을 받으려고 할 것이다. 전단지와 함께 볼펜을 주는 것도 좋다. 볼펜을 주면서 전단지를 주는 것이다. 그러면서 "한번 읽어 봐요"라고 하면 전단지만 나눠주는 것보다 더 많은 효과가 있다.

이런 사은품처럼 쇼핑백도 광고 효과가 있다. 때문에 쇼핑백에 들이는 돈을 아까워할 필요가 없다. 쇼핑백 광고는 고객이 쇼핑백을 들고 매장 문을 나서는 순간부터 시작된다. 쇼핑백에 인쇄되어 있는 브랜드를 사람들은 보게 되어 있고, 사람들은 스쳐지나가면서도 무슨 브랜드가 포장지에 인쇄되어 있는지 정확히 알아본다. 고객이 집까지 가는 동안 광고가 된다.

이후 쇼핑백을 다른 용도로 사용한다면 광고 효과는 좀 더 지속된다. 쇼핑백이 찢어지지도 않았는데 바로 버리는 사람들은 별로 없지 않은가? 제품의 복장인 케이스와 쇼핑백에 세심한 주의를 기울여야 한다.

Key Point

쇼핑백이나 케이스와 같은 제품의 포장은 판매뿐 아니라 광고 및 홍보에도 큰 영향을 미친다. 가능한 한 케이스와 쇼핑백, 사은품 등을 멋지고 고급스럽게 제작하고 전략적으로 이용하라. 고급스런 케이스는 제품의 품격을 높여준다. 쇼핑백에는 제품과 함께 홍보용 전단지를 넣어주는 것이 좋다.

세계 유수의 고객육성법을 벤치마킹하라 **07**

고객을 고양시키는 많은 방법들 중 한 가지는 고객을 '교육' 시키는 것이다. 많이 알면 알수록 소비를 많이 하게 되기 때문이다. '이코노미클래스 증후군' 이라는 것이 있었는지 몰랐을 때는 돈이 좀 있는 사람들도 그냥 이코노미클래스를 이용했다. 하지만 좁은 좌석에 장시간 앉아 있다 보면 혈액순환에 문제가 생겨서 죽을 수도 있다는 것을 안 이후 비즈니스클래스나 1등석을 이용하려는 고객들이 늘었다. 또 좋은 차를 탔기 때문에 목숨을 건진 사람에 대한 이야기를 들은 사람은 약간 무리를 해서라도 좋은 차를 사려고 한다. 실제로 ABS시스템이나 ESC시스템이 어떻게 작동하는지, 그리고 얼마나 안전에 큰 기여를 하는지 아는 사람은 그런 시스템이 장착된 차를 사려고 하지 않겠는가?

스타벅스가 세계적인 기업이 되는 데도 교육이 큰 역할을 했다. 전 세계 많은 사람들은 스타벅스가 없어도 잘 살았다. 스타벅스에서 파는 커피가 없어도 맛있는 커피를 마시며 잘만 살았다. 그런데 어떻게 스타벅스가 이렇게 많이 생겼는가? 사람들이 커피 맛이 얼마나 오묘한 것인지, 분위기 좋은 곳에서 커피를 마시는 것이 얼마나 근사한 일인지를 알았기 때문이다. 스타벅스를 세계적인 기업으로 키운 하워드 슐츠는 이렇게 말했다.

"미국인 한 명 한 명에게 커피의 섬세하고 미묘한 맛의 특징들을 가르치기 시작했다.[10] … 우수한 제품을 갖고 있다면 비굴하게 아부하지 않아도 고객들을 가르치며 그들이 그것을 좋아하도록 만들 수 있다."[11]

스타벅스는 고객들에게 커피를 가르쳤다. 연회장에 훌륭한 포도주가 있듯이 스타벅스에 훌륭한 커피가 있음을 알렸다. 포도주를 소개하면서 특정 지역을 언급하듯이 커피를 소개하면서 특정 지역, 이를테면 케냐라든지 코스타리카, 술라웨이시 등을 언급했다.[12] 커피를 와인처럼 다루었던 것이다.[13]

스타벅스의 직원들은 여느 커피숍의 직원들보다 커피에 대해 더 많이 알고 있다. 더 많은 공부를 하기 때문이다. 공부를 많이 해서 많이 알게 되면 자신이 알고 있는 것을 다른 사람들에게 알려주고 싶어지지 않는가? 서비스맨은 자신의 전문 분야에 대해 많은 공부를 해야 한다. 다른 사람이 물어봐 주기를 바랄 정도가 되면 좋다.

스타벅스는 소매에서는 보기 드문 정교함과 깊이가 있는 훈련 프로그램을 운용하고 있다. 모든 신입사원들은 24시간짜리 교육 프로그램을 이수해야 한다. 커피 자체에 대해서 4시간 정도 교육받아야 하며, 커피 추출에 대해서도 역시 4시간 정도 교육받아야 한다. 또한, 현장 경험을 갖고 있는 스토어 매니저들, 지역 담당 매니저들에게 커피의 차이점을 간단하고 분명하게 설명하는 방법을 전수받는다. 스타벅스는 사실상 신규점을 오픈하기 두 달 전부터 신입사원들을 뽑고 교육하기 시작한다. 기존 스토어에서 풍부한 경험을 쌓은 기존 직원들을 파견해 강도 높은 1:1 교육을 실시한다.[14]

'고객존중' 이라는 원칙은
절대 사수할 것

교육은 주문과 같은 선상에 놓여있다. 주문보다 좀 더 구체적인 것이라고 할 수 있다. 세계적인 기업의 서비스맨이 아니라 할지라도 교육을 적극 활용할 수 있다. 어떤 한식당에

간 적이 있다. 그 식당 종업원은 반찬이 나올 때마다 반찬에 대한 설명을 자세하게 해주었다. 유기농으로 재배한 채소로 만든 반찬이라는 이야기를 하는가 하면 어떤 영양 성분이 들어 있기 때문에 어디에 좋다는 이야기를 해주었다. 그런 설명을 들었기 때문인지는 모르지만 식사를 하고 났을 때 몸이 건강해진 것 같은 느낌을 받을 수 있었다.

미국에서 어떤 영화관에 갔을 때였다. 영화가 시작하기 전에 한 사람이 나와서 영화에 대한 설명을 했다. 영화감독에 대한 이야기도 했고, 어떤 점에 주의하면서 봐야 하는지도 이야기했다. 그런 사전 교육이 있었기 때문이었을까? 그날 영화는 참 재미있었다.

교육을 할 때는 비유를 잘 구사해야 한다. 비유는 아주 짧은 시간에 명확한 점을 설명하는데 매우 효과적이다. 어느 안경원에서 안경사가 나이가 들면 근용 안경과 원용 안경이 필요하다는 것을 설명해주기 위해 적절한 비유를 구사하는 것을 보았다.

"차가 평지를 달릴 때는 5단으로도 갈 수 있지만 언덕을 올라가야 할 때는 1단으로 가야 하지 않습니까? 책을 보는 것은 언덕을 올라가는 것에 해당합니다. 좀 더 강한 도수의 안경이 필요합니다. 만약 3단으로 언덕을 올라간다면 간신히 올라갈 수는 있을지 모르지만 엔진에 무리가 가겠지요. 마찬가지로 대충 글이 보인다고 해서 그냥 보시면 눈에 무리가 갑니다."

안경사의 설명을 한번에 이해했던 고객은 눈을 보호하기 위해 고가의 안경렌즈를 주문했다. 한 가지 주의해야 할 점은 고객이 원하지 않는 전문적인 이야기를 계속 늘어놓아서는 안 된다는 것이다. 외운 내용을 기계적으로 반복하는 듯한 인상을 주어서도 안 된다. 듣고 싶지 않은데도 들어야 하는 '자칭 프로'가 하는 이야기처럼 재미없고 따분한 이야기는 없다.[15]

Key Point

> 고객의 소비생활 수준을 높이기 위해선 고객을 고양시킬 필요가 있으며, 이를 위한 가장 적극적이고 효과적인 방법은 고객을 육성하는 것이다. 많이 알면 알수록 더 현명한 소비를 하게 될 뿐 아니라 소비의 질과 만족감도 높아지게 마련이다. 고객을 교육하라.

최고의 서비스는 교육을 통해 전수한다

고객을 교육시키는 것에만 신경을 썼다면 스타벅스는 세계적인 기업으로 성장하지 못했을 것이다. 직원을 교육시키는 것에 신경을 썼기 때문에 세계적인 기업으로 성장했다. 아나폴리스에 있는 미국 해군사관학교 경우에는 1학년 학생들밖에 없다. 2학년 이상은 모두 배에서 배우기 때문인데 이는 사병을 교육시킬 장교들의 확실한 실력배양을 위해서라고 한다. 신미양요 때 탈취당한 장군 수자기(군부대나 병영에 세우는 대장의 군기)가 미국 해사의 박물관에 있다는 이야기를 어떤 책에서 보고 미국을 여행할 때 아나폴리스에 간 적이 있었다. 그때 미 해사에 1학년 학생들밖에 없다는 것을 알았다.

직원을 교육시킬 때 이론과 실제를 함께 가져가야 한다. 실제로 만드는 것을 보여줘야 하고, 실제로 고객을 상대하는 것을 보여줘야 한다. 또, 왜 그렇게 해야 하는지 설명해야 하며, 거의 1:1 교육을 해야 하는 경우가 많다.

직원 교육은 시간과 노력이 아주 많이 들기 때문에 참을성이 필요하다. 그리고 직원들이 가르친 바를 스폰지처럼 흡수할 것이라고 기대하지 않는 것이 좋다. MK 택시의 유봉식 회장은 이런 말을 했다.

"내가 제시한 새로운 서비스 계획이 사원들에게 처음부터 환영을 받은 일은 없었다."

직원들은 변화를 싫어한다.[16] 교육은 발전을 위해 필요한 것 아닌가? 변화 없는 발전은 없다. 참을성을 가지고 끊임없이 반복해서 교육해야 한다.

오랜 시간과 참을성을 투입하여 완성도 90%의 서비스맨을 만들었다고 해보자. 그 직원이 분점의 매니저로 갈 수도 있고, 전업을 할 수도 있기 때문에 사장은 다시 신규 직원을 채용하여 처음부터 교육시켜야 하는 상황을 예상해야 한다.

서비스맨은 다른 사람을 교육시키는 것을 업으로 생각해야 한다. 서비스업 자체가 어떻게 보면 교육사업이다. 고객들을 교육시켜야 하고, 더 많은 고객들을 교육시키기 위해 직원들을 교육시켜야 한다. 말하자면 교육 다단계업을 펼쳐야 한다.

반복이라고 하는 것은 참 재미없다. 하지만 그것이 업이라면 어쩔 수 없이 해야 하지 않겠는가? 나는 매 학기마다 거의 똑같은 내용을 강의한다. 약간씩 차이는 있지만 근간은 비슷할 수밖에 없다. 매 학기마다 사람의 생각이 확확 바뀔 수는 없기 때문이다. 학생들의 졸음을 쫓기 위해 가끔 던지는 농담들도 거의 같다. 강의를 시작한 지 3년 정도 되었을 때는 자괴감도 느꼈지만 지금은 자괴감을 느끼지 않는다. 교육은 어떤 의미에서든 반복이라는 점을 깨달았기 때문이다.

반복적인 서비스 교육이
필요한 이유

세계적인 기업들 중 하나인 맥도널드는 햄버거를 판매하는 것에서만 이윤을 얻으려고 하는 것이 아니라 햄버거를 판매하기 위해 사는 부동산의 가치가 증가하는 것에서도 이윤을 얻으려고 한다. 부동산의 가치 증가에서 오는 이윤이 상당하기 때문에 맥도널드는 사실 부동산업을 한다는 말이 있다. 어쩌면 맥도널드가 부동산업에 대한 마인드를 가지고 있었기 때문에 분점들을 계속해서 냈던 것일 수 있다.

서비스업은 일종의 교육사업이다. 한 번 교육시켜 완성시킨 직원을 오랫동안 데리고 있을 생각을 하는 것이 아니라 분점의 매니저로 내보내 또 다른 직원을 교육시키게 하라. 지속적인 서비스교육을 통해 신규 직원을 양성하려는 마인드를 가져야 한다. 교육사업에 대한 마인드가 사업을 번창시킬 수 있다.

디즈니랜드에서 가장 먼저 고객을 접하는 직원의 90% 이상은 아르바이트 직원이다. 이들은 경우에 따라서 며칠밖에 근무하지 않기 때문에 교육이 소홀해질 수 있는데, 디즈니랜드는 단 하루 근무하는 직원이라 하더라도 그들이 곧 디즈니랜드의 얼굴이라는 생각으로 철저하게 트레이닝을 시킨다. 그들이 책임지는 일은 '가장 자연스럽고 원활해야 할' 테마쇼 진행인데 엉거주춤한 자세로는 결코 현장에 나갈 수 없기 때문이다. 디즈니랜드에서 일상적이고 지속적인 교육이 이루어지는 이유가 여기에 있다.[17]

'일상적이고 지속적으로 교육한다'는 것은 결국 서비스업은 교육사업이라는 생각과 동일하다. 서비스 교육이 일상적이고 예사로이 행해지는 '조직 환경' 안으로 들어가기 때문에, 신규 직원들이 짧은 기간에 높은 수준의 고객서비스를 자발적으로 실천할 수 있을 정도가 되는 것이다.[18]

한 최고경영자가 "교육을 많이 받고 열의에 가득 찬 최고의 인재를 형편없는 시스템에 데려다놓으면 언제나 시스템이 이긴다"[19]

고 말한 이유를 생각해보라. 그리고 예수의 가르침이 효과적이었다는 사실이 역사적으로 증명되었다는 것을 상기해보라. 예수의 제자들은 예수가 가르친 일을 계속하여 1세기가 끝나기도 전에 로마제국 전역에서, 그러니까 아시아·유럽·아프리카에서 제자들을 육성했다. 예수는 일상적이고 지속적인 교육이 행해질 수 있는 시스템을 만들었던 것이다.

그러므로 가서 모든 나라 사람들을 제자로 삼아 아버지와 아들과 성령의 이름으로 그들에게 침례를 베풀고 내가 여러분에게 명령한 모든 것을 지키도록 가르치십시오. 보십시오! 나는 사물의 제도의 종결까지 여러분과 항상 함께 있습니다.[20]

서비스의 원칙과 구체적인 방법론은 일상적이고 지속적인 교육을 통해 전수해야 한다. 서비스업은 교육사업이며 교육 시스템을 구축하는 사업이다. 혹시, 오랜 시간과 참을성 끝에 육성한 서비스맨이 그만두었다거나 이직을 했다고 좌절하지 마라. 직원들의 서비스 교육은 고객을 위한 것이며, 궁극적으로 이 사회와 사회구성원인 우리 모두를 위한 것이다.

서비스 **매뉴얼 북**을 만들어 **상비**해둔다

　　직원교육을 위해 필수적인 것이 매뉴얼 북이다. 책을 통해 가장 큰 유익을 얻는 사람은 저자 자신이다. 내가 이 책을 쓰기 시작한 것은 후배를 위해서였지만, 글을 써내려가면서 느끼는 것은 정작 이 글이 나에게 큰 도움이 된다는 사실이다.

　　"주식투자를 하려면 주식투자에 관한 책을 쓸 수 있을 정도가 된 다음에 하라"는 말이 있다. 어떤 분야에서 전문가가 되기 위해서는 책을 쓸 수 있을 정도가 되어야 한다는 말일 수 있고, 책을 써보는 것이야말로 전문가가 되는 첩경이라는 말일 수 있다.

　　어떤 책이든 처음에는 공책, 즉 노트북에서 시작된다. 직원을 교육시킬 때 설명한 바를 반드시 노트북에 기록하게 해야 한다.

나는 학생들에게도 반드시 내가 하는 말을 기록하라고 한다. '공부 못하는 애들이 필기 안 한다'는 말은 우스갯소리가 아니다. 사실이다. 기록은 어떤 의미에서 창작이다. 책을 쓰면서 강의를 들으면 강의 내용을 빠르고 확실하게 이해할 수 있다. 직원은 책을 쓰면서 교육을 받아야 한다. 직원이 완성시킨 노트북은 그 직원만의 매뉴얼 북이 되는 것이다.

세계적인 기업인 맥도널드에는 매뉴얼 북이 존재한다. 체크할 수 있는 모든 것을 꼼꼼히 기록한 매뉴얼 북에는 자그마치 5만 가지나 되는 항목들이 있다. 매장을 열고 닫는 시간은 물론이고 직원들의 복장과 조명의 밝기, 화장실 점검 요령 등이 자세하게 기록되어 있다. 직원이 달라지고 매장이 바뀌어도 고객에게 제공되는 서비스는 동일해야 하기 때문이다.

만약 직원에 따라 서비스의 질이 달라진다면 고객들은 뛰어난 질의 서비스를 제공하는 직원을 선호하게 될 것이고, 그 직원이 부재할 경우 실망하게 된다. 매장을 보게 해야지 직원을 보게 해서는 안 된다. 일관된 서비스를 위해서도 매뉴얼 북의 작성은 필요하다. 매뉴얼 북은 '조직문화'의 핵심에 존재한다.

 서비스에 미쳐라

새내기 서비스맨의
매뉴얼 북 만들기 요령

기존의 매뉴얼 북이 존재한다면 당연히 신규 직원은 기존 매뉴얼 북을 열심히 읽어야 한다. 그리고 자신만의 매뉴얼 북을 만들어야 한다. 교과서나 참고서가 있지만, 학생들이 자기만의 공책을 두고 주요 학습내용을 정리해두는 것과 같은 이치다.

직원은 의문 나는 사항과 깨달은 점을 기록해두었다가 수시로 사장이나 매니저와 대화하면서 의문점을 풀고 자기가 느낀 것들을 공유해야 한다. 직원이 기존 매뉴얼 북에 기입할 만한 좋은 아이디어를 생각해냈다면 사장이나 매니저는 칭찬과 더불어 약간의 혜택을 줄 수 있다. 반나절이나 하루의 휴가, 적은 금액의 보너스를 지급하는 것이면 충분하다. 작은 인센티브는 직원들이 다양하고 실질적인 아이디어를 생각할 수 있도록 유도할 뿐 아니라 급속하게 전문가로 거듭나는 데 일조한다.

디즈니랜드의 경우에는 매뉴얼 북을 반년에 한 번씩 수정한다. 시대의 변화에 따라 서비스의 내용 또한 계속 달라지고 수정되어야 하기 때문이다. 디즈니랜드에서는 수정할 때마다 일반 직원의 의견과 생각, 신선한 아이디어를 적극 반영한다.[21]

매뉴얼 북이 갖춰졌다면 회의도 이를 중심으로 할 수 있다. 서비스를 시작하기 전에 마음가짐을 점검하는 차원에서 회의는 아침에 하라. 직원이 한 명밖에 없을지라도 회의는 필요하며 회의를 하다 보면 '뭔가 할 수 있다' 는 믿음이 생긴다. 회의를 하면서 어떻게 해야 더 나은 방향으로 나갈 것인지를 논의하지, 어떻게 해야 일을 망칠 것인가를 논의하지는 않기 때문이다.

회의 끝에는 어떤 결론에 도달하게 된다. 결론은 임직원을 하나로 만든다. 여러 개의 의견들이 하나로 합쳐졌다는 것은 어떤 동일한 것에 대한 믿음과 의지가 생겼다는 것을 의미한다.

언어는 '통합' 하는 힘을 가지고 있다. 언어가 같은 사람들끼리는 잘 뭉치지 않는가? 영어를 아주 잘하는 한국 사람이 있다면 미국 사람들과 더 잘 통합될 수 있을 것이다. 결론이 내려지면 더욱 '뭔가 할 수 있다' 는 믿음이 생긴다.

믿음이 있어야 성공할 수 있다고 하였다. 회의는 스스로 외우는 주문과 비슷한 효과를 가져 오며 임직원을 하나로 만들기도 하므로 반드시 하는 것이 좋다. 회의 끝에 임직원 전체가 합의한 주문을 소리 내어 외우는 것도 좋은 방법이다.

회의를 통해 내려진 결론을 매뉴얼 북에 기록하고, 지난번에 기록한 사항이 어떻게 실천되었는지도 점검해보라. 아울러 신규 직원이 기록한 사항을 어떻게 실천했는지도 점검한다면, 회의를 통해 신규 직원을 교육할 수도 있다.

> 매뉴얼 북은 때와 장소에 상관없이 고객에게 일관된 서비스를 제공하기 위해 필요하다. 이는 서비스를 시스템화한다고 볼 수도 있는데, 그런 의미에서 매뉴얼 북은 조직문화의 핵심에 존재한다.

10 고객이 신뢰하는 지적인 이미지 쌓기

어느 이미지 관련 전문가는 마돈나에 대해 이렇게 말했다.

"처음 시작은 그저 춤만 잘 추는 거칠고 미친 듯한 이미지의 가수였다. 그러나 자신을 다시 창조하여 항상 유행보다 약간 앞서 있었다. 그녀는 관능적인 여자에서 매춘부, 에비타 페론 그리고 젊은 어머니의 모습까지도 보여주었다. … 마돈나에게는 연예계의 그 누구도 흉내 낼 수 없는 본능적인 매력이 있다. 이 능력은 변화와 엉뚱함을 잃지 않으면서 브랜드를 슬쩍 바꾸어 항상 시대에 뒤떨어지지 않게 하는 마돈나라는 브랜드의 핵심이다."[22]

변신을 거듭했던 마돈나는 동화를 써서 출판하기도 하였다. 나는 이점에 주목한다. 언어, 특히 글은 믿음 계열의 최고봉에 있다. 글을 쓰는 일을 경멸할 사람은 거의 없다. 만약 나 자신의 이미지를 총체적으로 높이고 싶다면 책을 써서 출판하는 것이 좋다.

한번은 의사 친구에게 농담조로 이렇게 말한 적이 있다.

"너는 의사니까 클래스가 상당히 높다고 할 수 있어. 하지만 클래스를 더 높이고 싶다면 돈 버는 걸 그만두고 '국경 없는 의사회' 같은 곳에 들어가라. 그러고는 외국에서 겪은 일들을 글로 쓰는 거야. 책을 출판하는 거지. 그 책에는 너의 자작시가 들어가면 좋아. 영어로 된 시면 더 좋겠다."

현실적으로 책을 쓰기가 힘들다면 책을 읽어야 한다. 흔히들 매장에 고객이 없을 때 텔레비전을 보기 쉬운데, 한참을 TV에 빠져 있다가 고객을 맞이한다고 생각해보자. 좀 민망하지 않겠는가? 텔레비전을 바보상자라고 한다. 명품 이미지를 실추시키는 첩경이 텔레비전 시청이다.

반면 책을 읽고 있다가 고객을 맞이한다고 생각해보라. 고객이 나를 내려 보겠는가? 책을 읽고 있다가 고객이 오면 한쪽에 덮어둬보라. 의외로 고객은 판매자가 어떤 책을 읽고 있었는지에 관심을 가진다. 만화책이나 연예잡지 같은 것을 읽고 있었다면 역시 명품 이미지와는 거리가 있게 될 것이다.

나만해도 그렇다. 언젠가 어떤 옷가게 여주인이 '체 게바라'에 관한 책을 읽고 있는 것을 봤을 때 의외라는 생각을 했었는데, 이 사실을 아직까지 기억하고 있다.

한 사람에게서 풍기는
'이미지'는 속일 수 없다

고객에게 보이기 위해 책을 읽는다는 것이 우스운가? 'Motion이 바뀌어야 Emotion이 바뀐다'는 말이 있다.[23] 형식을 통해서 내용을 바꿀 수 있다. 형식은 비유다. 형식은 믿음 계열에 있기에 중요하다.

어떤 아버지가 있었다. 문맹이었다. 하지만 자식들을 잘 키우고 싶었다. 그래서 자식들이 학교에서 돌아오면 책을 읽는 모습을 연출했다. 자식들은 아버지가 항상 책을 보고 있었기 때문에 자연히 책을 보는 습관을 갖게 되었고 하나같이 출세했다.

분명한 것은 책을 읽고 있거나 공부를 하고 있는 사람의 모습을 싫어하는 사람은 없다는 것이다. 다 좋게 본다. 은연중이나마 '이렇게 책을 보는 사람이라면 믿을 만하겠다'라는 생각을 한다.

책을 많이 보면서 생각을 많이 하다 보면 인상이 바뀐다. 실제로 얼굴이 바뀐다. 머리가 빈 것 같은 인상이 아니라 머리가 꽉 찬 것 같은 인상을 갖게 된다. 아무리 잘생기고 예쁜 사람도 2% 부족한 느낌을 주는 경우가 있다. 주로 지적인 느낌이 부족할 때 그러하다. 예를 들어서 아주 슬픈 영화를 봤고 너무 슬퍼서 눈물을 흘렸다고 해보자. 그렇다면 얼굴이 약간 어두워질 것이다. 만약에 날마다 그런 영화를 본다면 어떻게 될까? 어두운 얼굴이 펴질 날이 없을 것이고, 그렇게 몇 년이 흐르면 결국 어두운 인상으로 변하고 만다. 뇌에서 발생하는 전기적 신호가 얼굴을 실제로 변화시키는 것이다.

사장으로 인생을 산 사람과 다른 사람 밑에서 일하면서 인생을 산 사람과는 인상이 다를 수밖에 없다. 때문에 관상 전문가는 어떤 사람의 얼굴을 보고 그 사람이 사장인지 아닌지 바로 알 수 있다고 한다. 사장은 명령을 듣는 사람이 아니기 때문에 얼굴에 자신감이 넘친다. 그러나 사장의 명령을 듣는 사람이거나 사장의 눈치를 살피는 입장에 있었던 사람은 그 반대일 가능성이 많다.

같은 맥락에서 책을 보면서 공부를 많이 한 사람과 그렇게 하지 못한 사람은 차이가 난다. 텔레비전을 많이 본 사람의 얼굴에 깊은 사색, 깊은 고뇌의 흔적이 나타날 수는 없다. 책을 봐야 한다. 그렇게 해야 나의 전체적인 인상, 이미지, 아우라가 명품의 그것이 된다. 고객들은 그것을 단박에 알아차린다. 고객들은 지적이고 친절한 사람이 신속하고 자신감 있게 제공하는 믿음직스러운 서비스를 바란다.

책읽기를 통해 자신만의 매뉴얼 북을 알차게 완성시켜나갈 수
도 있을 것이다. 서비스 분야의 책을 읽는 것도 좋을 것이고 자신
의 전문 분야와 관련된 책을 읽는 것도 좋다. 부드럽고 따뜻한 사
람이 되어야 훌륭한 서비스맨이 될 수 있다고 하지 않았는가? 영
혼을 살찌울 수 있는 다방면의 양서를 읽고, 자신의 매장에 적용
할 수 있는 점들을 뽑아내 매뉴얼 북에 기록해보라. 직원을 교육
시키기 위해서 직원으로 하여금 한 달에 몇 권 이상의 책을 읽게
하는 것도 좋다. 아침 회의가 독서 토론 비슷하게 된다면 더욱 좋
을 것이다.

매장에 고객이 없을 때는 텔레비전을 보며 웃고 즐기기보다 책을
읽어라. 책을 읽는 서비스맨의 모습을 싫어할 고객은 없다. 책을
많이 읽고 많이 생각하다 보면 서비스맨으로서 나의 전체적인 인
상과 이미지, 아우라가 더욱 업그레이드된다.

사장 마인드로 서비스하라

       서비스의 기계화로 인적서비스가 생략되거나 후퇴하는 현상이 나타난다. 균일화·표준화를 추구하다 보니 서비스에 인간적 훈훈함이 없어진다. 특히 인터넷·사이버 시대의 도래는 상거래에 일대 혁명을 몰고 온 반면 인적서비스 분야에서 서비스 패러독스를 더욱 심화시켰다. 구조조정이 점점 더 치밀해져 종업원 수는 줄어든 반면 서비스에 대한 고객의 욕구는 증대되는 현상을 '서비스 패러독스' 라고 한다.

  SAS 항공사를 흑자로 전환시킨 얀 칼슨 회장은 서비스 패러독스를 타파하기 위한 처방을 내리며 중간관리자들에게 다음과 같이 이야기했다.

“당신들의 임무는 최일선에 있는 종업원들을 감독하는 것이 아니라 그들을 지원하는 것이다. 자신들이 존경받고 있다든지, 일선에서 일하는 사람보다 뛰어나다든지, 혹은 그들과 차원이 다른 업무를 수행하고 있다고 여기는 것은 잘못된 생각이다. 일선의 종업원에게 어떤 애로사항이 있다면 여러분은 그들의 고민을 들어주고 적절한 지원을 해야 한다.”

얀 칼슨 회장이 말했던 것처럼 발상을 바꿔야 한다. 고객 접점에 책임자나 베테랑이 배치되어 변화무쌍한 고객의 요구에 대응토록 하고 반대로 후방의 단순 업무 기계조작 등을 신규직원으로 하여금 처리케 하는 서비스 체계의 재편성을 고려해야 한다.[24]

서비스맨이 일을 잘하면 관리직으로 끌어올리는 인사방침을 가지고 있는 회사가 많다. 그것은 좋지 않다. 현장의 서비스맨을 관리직으로 끌어올리는 것은 현장에 대한 천대다. 관리직은 언뜻 보기에 근사하다. 하지만 ‘서비스 스타’는 서비스 현장에서 빛을 발해야 한다.

현장은 서비스 업체의 중앙 무대이며 서비스 기업에 가장 중요한 것은 고객이 있는 현장이다.[25] 서비스 현장을 직원들이 가장 가고 싶어 하는 부서로 만들어야 한다.[26]

디즈니랜드의 사장은 반드시 일정 기간 동안 판매장에서 판매원으로 일해야 한다고 한다. 현장에서 직접 서비스를 몸으로 경험하고 목격했을 때 고객을 위한 서비스를 제대로 할 수 있기 때문이다.[27] 최일선 종업원이 가장 중요하다. 아무리 최고 경영자의 의지가 강력해도 고객만족의 승패는 최일선 종업원에게서 판가름 나기 때문이다.[28]

'서비스맨은 육성된다'는 말이 있다.[29] 직원 교육을 통해 최고의 서비스맨을 육성시켰다고 해보자. 구체적으로 어떻게 그 서비스맨으로 하여금 서비스 현장에서 오래도록 일하고 싶게 만들 것인가? 구체적으로 어떻게 하는 것이 현장의 서비스맨을 지원하는 것인가?

핵심은 권한을 위임하는 것이다. 고객은 어떤 문제가 발생했을 때 사장과 상대하려고 한다. 적어도 매니저와 상황을 마무리 지으려고 한다. 왜냐하면 고객은 누구와 상대하느냐에 따라 자기의 클래스가 정해진다는 것을 알고 있기 때문이다. 어떤 사람이 어린아이와 싸운다면 그 사람은 어린아이가 된다. 또, 총장과 담판을 짓곤 하는 총학생회장이 있다면 그 학생의 클래스는 총장급이 된다.

고객들은 의외로 자유재량권을 가진 서비스맨을 원한다. 고객들은 ‘접점 직원들이 사고할 권한이 있는지 알고 싶다’고 말한다. 문제는 ‘규정에 따라 해결하기 어려운 문제가 돌발했을 때 서비스 직원이 고객을 위해 자유재량권을 사용해 시스템을 조작할 수 있는가? 아니면 어쩔 수 없다며 고객을 돌려보낼 것인가?’이다.[30]

서비스맨이 어떤 문제가 발생했을 때 자기 선에서 일을 마무리 짓지 못하게 되면 자괴감을 느낄 수 있다. 사고할 권한이 없는데 누가 좋아하겠는가? 그런 의미에서 최일선 서비스맨의 클래스는 매니저급, 아니 사장급이 되어야 한다.

과연 이것이 가능할까? 노드스트롬 백화점의 매뉴얼 북 첫머리에 나와 있는 사규 제1조는 ‘모든 상황에서 스스로 최선의 판단을 내릴 것. 그 외의 규칙은 없다’[31]이다. 서비스맨에게 권한을 부여한 것이다. 그런가 하면 스타벅스는 최일선 직원들에게 언제나 ‘Yes’라고 대답할 것을 요구한다. 스타벅스의 캐치프레이즈는 ‘Just say yes’다. 역시 권한을 부여한다는 의미이며 ‘예스’라는 대답을 함으로써 생기는 결과에 대해서는 회사가 책임을 진다는 뜻이다.

이런 식으로 하면 간혹 실패가 발생하기도 한다. 하지만 가만히 앉아 아무 일도 하지 않는 것보다 실패할 확률이 훨씬 낫다. 세계적인 생필품 업체인 3M의 경우 누군가 기발한 제품을 착안하면 회사가 그에게 자금과 기술진을 제공해준다. 또 실패해도 책임을 묻지 않는다. 3M의 한 직원이 면도기 대신 수염을 깎을 수 있는 사포를 개발하려다 실패한 적이 있었다. 그러나 이때의 경험이 바탕이 되어 나중에 공업용 사포를 개발하게 된다. 우리가 많이 사용하는 포스트잇도 다른 제품을 만들려고 하다가 실패한 것이 계기가 되어 만들어진 제품이다.[32]

매니저급 서비스맨이 많아져야
기업이 산다

앞에서 너무 심한 업을 가진 고객과는 인연을 끊을 수 있어야 한다고 말했다. 권한을 부여받지 않은 서비스맨이 어떻게 스스로 판단하여 고객과 인연을 끊을 수 있겠는가? 사장의 눈치를 보게 되지 않겠는가? 현장의 서비스맨이 스스로 판단하여 인연을 끊었다면 사장이나 매니저는 그 결정을 존중해야 한다. 이것이 권한을 부여하는 것이다. '전쟁터의 장군은 왕의 명령을 듣지 않을 수도 있다'는 말이 있다. 현장은 전쟁터다. 그 전쟁터의 상황은 최일선 서비스맨이 가장 잘 안다.

얀 칼슨 회장은 스웨덴의 경영 컨설턴트 리처드 노만의 '진실의 순간Moments of Truth' 이라는 개념을 받아들여 SAS의 경영철학으로 삼았다. 원래 M.O.T.는 스페인의 투우에서 나온 말로서 스페인어로

Moment De LA Verdad인데, 투우사가 소의 급소를 찌르는 순간을 말하며 '피하려 해도 피할 수 없는 순간' '실패가 허용되지 않는 순간'을 의미한다. 얀 칼슨 회장은 고객을 상대하는 최초 15초가 사업의 성공을 좌우한다는 점을 말하고 싶었던 것이다.[33] 진실의 순간에 직면한 투우사가 그 누구의 말을 들어야 하겠는가? 오로지 자신의 본능을 믿어야 한다. 소와 전투를 치르고 있는 것이다. 항상 진실의 순간에 직면하는 최일선의 서비스맨 역시 마찬가지다. 스스로 직감적으로 판단을 내려야 한다. 그 누구도 그 순간만큼은 조언을 해줄 수 없다. 접점의 서비스맨에게 전폭적인 권한이 부여되어야 한다는 것은 당연하다.

매니저급의 서비스맨들을 많이 보유하고 있는 업체가 승리한다. 교육사업, 사람사업을 펼치는 목적은 매니저급 서비스맨들을 많이 보유하기 위해서다.

Key Point

서비스 현장을 직원들이 가장 근무하고 싶은 부서가 되도록 하라. 일 잘하는 서비스맨을 관리직으로 배정하는 인사방침은 옳지 않다. 서비스맨이 열정을 가지고 현장에서 오래도록 근무하길 바란다면 최일선 서비스맨의 클래스가 매니저급, 사장급이 되도록 자유재량권을 부여하라.

직원도 고객이다, 제일 먼저 직원을 존중하라

SAS의 조종사가 기착지에 착륙한 후 '칼슨 사장이 전화를 하고 싶어한다'는 메시지를 받는 일은 흔히 있는 일이었다고 한다. 보통 칼슨은 비행기가 연착했을 때 조종사에게 전화를 걸어서 이렇게 말했다.

"비행기가 왜 늦게 이륙했는지 그 이유를 알고 싶네."

아마도 납득할 만한 이유가 있었을 것이다. 그럼에도 불구하고 일일이 그렇게 물었던 이유는 무엇이었는가? 긴장을 유지시키기 위해서였다.[34] 접점의 서비스맨에게 권한을 위임했다고 사장이 매장에 전혀 신경을 쓰지 않는 것은 옳지 않다. 리더십과 자극이 없는 곳에서 평범함은 더욱 확대될 뿐이다.[35]

게으른 직원을 어떻게
다룰 것인가?

공부하는 것이 얼마나 어려운 일인가? 혼자서 공부하는 것은 더욱 어렵다. 하루 종일 공부하는 것을 당연하게 여기는 사람들이 많이 있는 곳에 들어가서 환경의 도움을 받는 것이 좋다. 어떤 환경 속으로 자신을 밀어 넣는 것, 그래서 약간의 타율을 허용하는 것은 종종 큰 효과를 거둔다. 자율도 스스로 정한 원칙에 자신을 복종시키는 것 아닌가? 스스로 타인에게 자신을 일정한 범위 내에서 통제해 달라고 요청하는 것은 타율이지만 그것 역시 일종의 자율이다.

프렌차이즈 매장의 사장이라면 본사의 방침을 가급적 따르는 것이 좋다. 자신을 매니저라고 생각하는 것이다. 본사 사장을 사장이라고 생각할 수 있다. 본사 사장은 내가 보는 것보다 훨씬 많은 것을 본다. 약간의 타율을 허용하는 것이 때때로 도움이 된다.

이런 맥락에서 볼 때 직원들에게 좋은 환경이란 타율성이 어느 정도 존재하여 직원들이 매순간 의지력을 발휘하지 않아도 되는 환경이다. 매순간 '공부를 왜 해야 하는가?' 라는 생각을 한다면 공부가 되겠는가? '사장님이 하라고 한 일이니까 당연히 해야지!' 하는 생각을 하게 하는 환경이 좋은 환경이다. 처리해야 할 일들을 하기 시작하면 사실 금방 끝난다. 오히려 '이 일을 내가 해야 하나?' 고민하는 것에 더 많은 에너지가 소비된다.

보통 나는 직원에게 아침 8시 30분에 매장의 문을 열라고 한다. 한번은 8시 35분 정도에 전화를 했는데 직원이 아직 출근을 하지 않고 있었다. 8시 45분경에 전화를 했지만 역시 출근을 하지 않은 상태였다. 집으로 전화를 했더니 전날 피곤했는지 잠에서 덜 깬 목소리로 전화를 받았다.

나는 직원에게 기분 나쁘게 생각하지 말라고 좋게 말한 다음, 출근한 다음에 나에게 전화를 해주라고 하였다. 직원은 선선히 그렇게 하겠다고 했고, 그 직원은 그날 이후로 줄곧 출근한 직후 내게 전화를 하고 있다. 그렇게 전화를 하게 하는 것은 직원을 자극하기 위함이다. 그런 자극은 긴장감을 유발하고 적당한 긴장감은 정신건강에 도움이 된다.

조직을 이끌기 위해서 사장이 직접 챙기는 것은 당연하다는 것을 직원에게 설명할 필요가 있다. 자극을 너무 싫어하지 말라고 해야 한다. 사장은 전체적인 것을 보기 때문에 직원이 보지 못하는 것을 볼 수 있다는 점을 설명하면 좋다.

피터 드러커는 "어떤 기업이든 최고의 재산은 경영자 자신이다" 라고 말했다. 이 말은 기업의 경영진이 갖는 사고방식과 비전이 기업의 비즈니스에 얼마나 큰 영향을 미치는가를 말해준다. 디즈니랜드에 정통한 한 사람은 이렇게 말했다.

"디즈니랜드 정신의 영원한 핵은 월트 디즈니다. 나는 그가 가진 사고방식의 핵심을 이어갈 수 있는 사람이 디즈니랜드의 최고경영자가 되어야 한다고 감히 자신한다."[36]

그런가 하면 리츠칼튼 호텔의 사장 겸 최고운영자인 호르스트 슐츠Horst Schulze는 이렇게 말했다.

"경영자가 먼저 최고의 서비스가 무엇인지 정의하지 않는 한 직원들에게 그 실천을 기대할 수 없다."[37]

매장 문을 늦게 열었던 그날 8시 35분경에 한 분의 고객이 우리 매장을 찾았다가 문이 닫혀 있는 바람에 그냥 돌아갔다는 사실을 알게 된 것은 그로부터 며칠 뒤였다. 정시에 문을 여는 것은 고객들과의 약속이다. 8시 30분경에 문을 연다는 것을 아는 고객이 8시 35분에 왔는데 문이 닫혀 있으면 실망하게 된다. 신뢰를 얻지 못하는 것이 얼마나 치명적인가!

어김없이 8시 30분이면 오픈해야 할 매장을 8시 50분에 문을 열면 사장으로서 마음이 편치 않을 수 있다. 이럴 때 직원을 호되게 나무랄 것인가? 아니다, 사장의 마음이 편치 않다는 것을 결코 노출시켜서는 안 된다. 직원은 내부 고객이다.

절대로 직원의 마음을 상하게
하지 말 것!

오늘날 서비스 성공 기업의 사례를 보면 그 밑거름이 내부 고객 만족을 통한 고객만족 경영에 있었음을 알게 된다. 연간 입장객 900만 명을 웃돌고 세계 제7대 테마파크에 선정된 에버랜드의 성공비결도 바로 내부 고객 만족에 있었다. 월마트의 회장 샘 월튼은 종업원들을 '동료associates' 라고 부르는가 하면, 자신을 '미스터 샘' 이라고 부르게 했다. 평등주의 속에서 내부 고객을 중시하는 풍토를 만들었던 것이다.[38]

내부 고객이라는 말은 직원들이 곧 고객이라는 말이며 사장이 직원들에게 서비스해야 한다는 말이다. 고객이 조금 힘들게 한다고 고객에게 비아냥거리는 투로 말을 하거나 화를 내면 고객과의 관계는 끝난다고 했다. 마찬가지다. 직원을 그런 식으로 대하면 결코 안 된다. 윗물이 맑아야 아랫물이 맑은 법이다. 사장이 직원들에게 제대로 서비스를 해야 직원들이 고객들에게 제대로 서비스를 한다.

사장이여, 직원들의
멘토가 되라

사장은 직원에게 칭찬해줄 수 있고, 직원들의 불만 사항도 잘 들어줄 수 있어야 한다. 또 회식을 통해서 직원들과 비공식 관계를 구축할 수 있어야 한다. 비공식 관계 구축을 위해서 직원들의 자녀에게 '삼촌'과 '이모'가 될 수 있을 것이다.

직원들을 대할 때 최대한 부드럽게 대하며, 항상 웃는 얼굴로 따뜻하게 인사하는 사장이 되라. 직원의 어떤 약점이 있다면 그것이 그 직원의 업이라고 생각하고 너무 급하게 고치려고 하지 않아야 하며, 직원을 이기적으로 이용하려는 생각을 해서는 안 된다.

모름지기 사장이라면 직원에게 안정된 직장을 제공하는 것이 갖는 의미에 대해 생각해야 한다. 직원의 고충을 해결해주는 의사 같은 사장이 되고, 희망의 말을 줄기차게 하는 사장이 되기 위해서 노력해야 한다.

직원은 사장이 한 약속을 기억한다. 때문에 사장은 반드시 지킬 수 있는 약속만 해야 한다. 이를 테면 최신 설비가 직원을 도울 수 있게 하고, 직원의 복장 상태에 대해 지적해야 한다면 기분 나쁘지 않게 하라. 직원과 청소를 함께 함으로써 청소가 고귀한 행위임을 보여주어야 한다. 또한 사장은 억양을 의도적으로 밝게 하여 직원들이 사장 눈치를 보지 않게 해야 한다. 아무래도 직원은 사

 서비스에 미쳐라

장의 눈치를 보기 마련인데, 사실 직원이 눈치를 봐야 하는 대상은 사장이 아니라 '고객'이다.

좋은 사장이란 직원들이 스스로 창조적인 교육자가 될 수 있도록 이끌어주는 사람이다. 직원 스스로 부드럽고 따뜻한 사람이 되어야겠다고 결심하도록 돕는가 하면, 관련 책을 사주며 사기를 북돋아주고 책을 읽도록 하는 것이다. 또한, 직원을 부르는 호칭을 심사숙고하여 정하고, 호칭을 통해 직원을 고양시키도록 해야 한다.

어떤 회사들은 가장 낮은 직위의 직원들을 포함해 전 직원에게 명함을 제공한다. 특히 점원이나 초보 직원은 명함이 생기는 것에 대해 매우 흡족해한다. 명함은 그들을 가치 있는 존재로 느끼게 하며 팀의 일부라는 인식을 심어준다. 최소한의 비용 투자로 관리자는 직원들의 기분을 좋게 만들어줄 수 있다.[39] 보통 명함에는 직위가 인쇄되어 있다. 규모가 작은 매장이라 할지라도 명함에 직위를 드러내야 한다.

직원도 고객이다. 직원에게 서비스를 해야 한다. 앞에서 살핀 내용들을 그대로 직원에게 적용시키면 된다. 어떤 조직의 수장이든 조직구성원들에게 서비스할 필요가 있다. 수장이 대접받으려고만 하면 그 아래 사람들도 더 아래에 있는 사람들로부터 대접받으려고만 할 것이다.

이런 면에서 가장 문제가 되는 것은 매니저, 곧 중간 관리자다.

사장이나 어떤 조직의 수장은 그런대로 일선 직원들을 고려한다. 왜냐하면 경험적으로 일선 직원들이 없으면 일이 안 된다는 것을 알기 때문이다. 잘 안 될 때 초래되는 파국을 두려워한다. 그러나 중간 관리자들은 파국을 그렇게까지 두려워하지 않는다. 왜냐하면 자기가 완전히 책임지지 않아도 된다는 것을 알기 때문이다. 사장은 일선 직원들을 함부로 대하는 매니저를 결코 용인해서는 안 된다.

서비스 조직의 경우 서비스를 많이 하는 사람이 가장 높이 올라갈 수밖에 없다. 예를 들어서 매장에 서비스맨들이 3명 있다고 해보자. 3명 다 같은 날 입사했다면, 정수기에 있는 컵들을 씻어야 되는데 누가 씻을 것인가? 3명 중에서 말없이 컵을 씻는 사람이 있다면 그 사람을 매니저로 삼지 않겠는가? 당연히 그런 서비스 정신이 되어 있는 사람이 올라가게 되어 있다. 그리고 이런 시스템이 잘 갖추어진 조직이 망하지 않고 뻗어나가게 된다. 때문에 일선 직원들을 함부로 대하는 매니저는 당연히 내려가야 한다. 내부 고객이 아니라 차라리 외부 고객이 되어야 할 것이다.

그러나 기억하라. 예수는 감정적인 고통을 겪을 때에도 제자들에게 심한 말을 하지 않았다. 제자들을 이해하려 했다. 기분 좋을 때만 서비스 정신을 나타냈던 것이 아니다.

그때에 그분은 그들에게 말씀하셨다.

"내 영혼이 심히 비탄하여 죽을 지경입니다. 여기에 머물러 나와 함께 깨어 있으십시오."

그리고 조금 앞으로 나아가 얼굴을 숙이고 엎드려 기도하여 말씀하셨다.

"나의 아버지, 가능하다면 이 잔을 내게서 지나가게 하여 주십시오. 그러나 나의 뜻대로가 아니라 당신의 뜻대로 하십시오."

그리고 제자들에게 오시어 그들이 자고 있는 것을 보시고 베드로에게 말씀하셨다.

"당신들은 나와 함께 한 시간도 깨어 있을 수 없었습니까? 유혹에 빠지지 않도록 깨어 있고 계속 기도하십시오. 영은 물론 간절하지만 육신이 약합니다."

그분은 다시 두 번째로 가서 기도하여 말씀하셨다.

"나의 아버지, 제가 마시지 않고는 이것이 지나갈 수 없다면, 당신의 뜻이 이루어지게 하십시오."

그리고 다시 오시어 그들이 자고 있는 것을 보셨다. 그들의 눈이 무거웠던 것이다. 그래서 그분은 그들을 남겨 두고 다시 가셔서 세 번째로 기도하여 한 번 더 같은 말씀을 하셨다. 그리고 나서 제자들에게 오셔서 말씀하셨다.

"이런 때에 당신들은 잠자며 쉬고 있습니까! 보십시오! '사람의 아들' 이 배반당하여 죄인들의 손에 넘겨질 시간이 다가왔습니다.”

예수는 제자들이 마음은 간절하지만 너무 피곤해서 어쩔 수 없이 졸았다고 말하면서 제자들의 마음이 다치지 않도록 하였다. 예수는 내부 고객에게 서비스할 줄 알았던 진정한 서비스맨이었다.

Key Point

고객을 대하듯 직원을 대하고 서비스하라. 직원이 고객이다. 사장이 직원에게 제대로 서비스해야 직원이 고객에게 제대로 서비스하는 법. 내부 고객을 만족시키지 못하면 성공적인 조직도 없다는 걸 기억하라.

세상을 구원하는 서비스 정신

　　서비스에 미치면 정말 돈을 많이 벌 수 있는가? 정말 다른 사람들의 사랑을 받을 수 있는가? 정말 세상을 구할 수 있는가?

　예수는 벌써 2000년 전에 서비스의 중요성을 설파했다. 그리고 본을 보여주었다. 제자들의 발도 씻겨주었다. 그랬음에도 불구하고 사람들은 서비스를 실천하지 못했다. 전쟁, 범죄 등이 없었던 시대가 없었다. 예수의 제자라고 공언하는 사람들만 살았던 중세 유럽의 경우도 마찬가지였다. 만에 하나 이 책이 베스트셀러가 된다고 해도 대부분의 사람들은 서비스를 실천하지 못할 것이다. 왜냐하면 예수의 교훈이 담긴 성경은 그야말로 불후의 베스트셀러지만 사람들의 서비스 수준을 끌어올리지 못했기 때문이다. 간디도 그 점을 지적하지 않았는가? 성경을 신봉하는 서양 사람들이 산상수훈의 교훈을 실제로 적용하지 않고 있음을 꼬집었다.

이것이 서비스에 미치면 된다는 것을 증명해준다. 서비스에 정말로 미칠 수 있는 사람들이 얼마 안 되기 때문에 서비스에 미치면 돈과 사랑을 얻을 수 있고 세상까지 구할 수 있다.

진정한 서비스맨이 된다면 주위 사람들로부터 미쳤다는 말을 들을지 모른다. 진정한 서비스맨은 희귀하기 때문이다. 그런 만큼 진정한 서비스맨이 되는 여정은 험난하다.

'서비스' 라는 단어는 거대한 단어다. 이제는 '서비스' 라는 단어에 대한 개념 정립을 완전히 새롭게 해야 한다. 매장은 도장이 되어야 한다. 서비스를 실천하려는 노력은 평생을 두고 계속되어야 한다. 제발 서비스에 미쳐라.

머리말

1) 칼 알브레히트 · 론 젬케 지음, 장정빈 옮김, 『서비스 아메리카』, 물푸레, 2003, p. 88.

2) 페기 칼로 · 바슈다 데밍 지음, 안미헌 옮김, 『내 고객을 10배로 늘려주는 서비스 게임』, 한국경제신문, 2004, p. 7.

1부

1) 폴 R. 팀, 안명희 옮김, 『고객 서비스 전략』, 멘토르, 2006, p. 155.

2) 코마츠다 마사루, 최문용 옮김, 『친절을 전염시켜라』, 한스미디어, 2005, p. 107.

3) 코마츠다 마사루, 최문용 옮김, 『친절을 전염시켜라』, 한스미디어, 2005, p. 243.

4) 요한 13: 12~14.

5) 마태 21: 12, 13.

6) 안미헌, 『고객의 영혼을 사로잡는 50가지 서비스 기법』, 거름, 2006, p. 31.

7) 정혜전, 『서비스 마케팅』, 미래지식, 2006, pp. 212, 213.

8) 정혜전, 『회사의 운명을 결정하는 서비스 마케팅』, 미래지식, 2006, p. 76.

9) 마태 10: 8

10) 요한 11: 25, 26.

11) 론 젬키 · 크리스틴 앤더스 지음, 구본성 옮김, 『서비스 달인의 비밀 노트 1』, 세종서적,
   2006, p. 36.
12) 라이프 엑스퍼트Life Expert, 전경아 역, 『놀라운 집중의 기술』, 기원전, 2006, p. 61.
13) 폴 R. 팀 지음, 안명희 옮김, 『고객 서비스 전략』, 멘토르, 2006, pp. 159, 163, 170.
14) 마태 7: 7.
15) 칼 알브레히트 · 론 젬케 지음, 장정빈 옮김, 『서비스 아메리카』, 물푸레, 2003, p. 317.
16) 마태 17: 20
17) 론 젬키 · 크리스틴 앤더스 지음, 구본성 옮김, 『서비스 달인의 비밀 노트 1』, 세종서적,
   2006, p. 49.
18) 더글라스 러슈코프, 홍욱희 옮김, 『당신의 지갑이 텅 빈 데는 이유가 있다.: 디지털 시대에
   도 예외가 아닌 대기업의 교묘한 마케팅 전략』, 중앙M&B, 2000, p. 130.
19) 론 젬키 · 크리스틴 앤더스 지음, 구본성 옮김, 『서비스 달인의 비밀 노트 1』, 세종서적,
   2006, p. 134.
20) 정혜전, 『서비스 마케팅』, 미래지식, 2006, p. 213.
21) 요한 19: 23, 24.
22) 코마츠다 마사루 지음, 최문용 옮김, 『친절을 전염시켜라』, 한스미디어, 2005, pp. 27~28.
23) 코마츠다 마사루 지음, 최문용 옮김, 『친절을 전염시켜라』, 한스미디어, 2005, pp. 49~50.
24) 론 젬키 · 크리스틴 앤더스 지음, 구본성 옮김, 『서비스 달인의 비밀 노트 1』 , 세종서적,
   2006, p. 134.
25) 정혜전, 『회사의 운명을 결정하는 서비스 마케팅』, 미래지식, 2006, p. 220.
26) 폴 R. 팀 지음, 안명희 옮김, 『고객 서비스 전략』, 멘토르, 2006, p. 80.
27) 마가 14: 26.
28) 코마츠다 마사루 지음, 최문용 옮김, 『친절을 전염시켜라』, 한스미디어, 2005, p. 49.
29) 마가 9: 50
30) 골로새 4: 6
31) 조관일, 『서비스에 승부를 걸어라』, 21세기북스, 2006, pp. 142, 152, 154.
32) 마태 7: 12.

2부

1) 요한 1: 46, 47.
2) 론 젬키 · 크리스틴 앤더스 지음, 구본성 옮김, 『서비스 달인의 비밀 노트 1』, 세종서적,
   2006, p. 73.
3) 론 젬키 · 크리스틴 앤더스 지음, 구본성 옮김, 『서비스 달인의 비밀 노트 1』, 세종서적,

2006, p. 73.

4) 다카하기 노리토시, 이윤혜 역『이것이 진짜 서비스다』, 청림출판, 2006, p. 169.

5) 마태 11: 18, 19.

6) 다카하기 노리토시, 이윤혜 역『이것이 진짜 서비스다』, 청림출판, 2006, p. 185.

7) 폴 R. 팀 지음, 안명희 옮김, 『고객 서비스 전략』, 멘토르, 2006, p. 63.

8) 안미헌, 『고객의 영혼을 사로잡는 50가지 서비스 기법』, 거름, 2006, p. 211.

9) 폴 R. 팀 지음, 안명희 옮김, 『고객 서비스 전략』, 멘토르, 2006, p. 66.

10) 폴 R. 팀 지음, 안명희 옮김, 『고객 서비스 전략』, 멘토르, 2006, p. 94.

11) 마태 23: 7, 8.

12) 하워드 슐츠 · 도리 존스 지음, 홍순명 옮김, 『스타벅스 커피 한잔에 담긴 성공신화』, 김영
사, 2005, p. 257.

13) 조관일, 『서비스에 승부를 걸어라』, 21세기북스, 2006, p. 80.

14) 정혜전, 『회사의 운명을 결정하는 서비스 마케팅』, 미래지식, 2006, p. 119.

15) 누가 10:1, 2.

16) 다카하기 노리토시, 이윤혜 역『이것이 진짜 서비스다』, 청림출판, 2006, p. 166.

17) 마가 1: 28.

18) 조관일, 『서비스에 승부를 걸어라』, 21세기북스, 2006, p. 297.

19) 정혜전, 『회사의 운명을 결정하는 서비스 마케팅』, 미래지식, 2006, p. 108.

20) 하워드 슐츠 · 도리 존스, 홍순명 역, 『스타벅스 커피 한잔에 담긴 성공신화』, 김영사,
2005, p. 303.

21) 코마츠다 마사루 지음, 최문용 옮김, 『친절을 전염시켜라』, 한스미디어, 2005, p. 79.

22) 조관일, 『서비스에 승부를 걸어라』, 21세기북스, 2006, p. 56.

23) 김억간, 『남자의 인생전략 55』, 다산북스, 2006, pp. 45~47.

24) 하워드 슐츠 · 도리 존스, 홍순명 역, 『스타벅스 커피 한잔에 담긴 성공신화』, 김영사,
2005, p. 279.

25) 마가 7: 32~35.

26) 안미헌, 『고객의 영혼을 사로잡는 50가지 서비스 기법』, 거름, 2006, p. 131.

27) 론 젬키 · 크리스틴 앤더스 지음, 구본성 옮김, 『서비스 달인의 비밀 노트 1』, 세종서적,
2006, pp. 169~170.

28) 요한 7: 14, 15.

3부

1) 론 젬키 · 크리스틴 앤더스 지음, 구본성 옮김, 『서비스 달인의 비밀 노트 1』, 세종서적,

  2006, p. 183.

2) 마태 5: 23, 24.

3) 다카하기 노리토시, 이윤혜 역 『이것이 진짜 서비스다』, 청림출판, 2006, p. 27.

4) 조관일, 『서비스에 승부를 걸어라』, 21세기북스, 2006, p. 246.

5) 안미헌, 『고객의 영혼을 사로잡는 50가지 서비스 기법』, 거름, 2006, p. 140.

6) 코마츠다 마사루 지음, 최문용 옮김, 『친절을 전염시켜라』, 한스미디어, 2005, p. 148.

7) 폴 R. 팀 지음, 안명희 옮김, 『고객 서비스 전략』, 멘토르, 2006, pp. 105~106.

8) 누가 5: 12, 13.

9) 조관일, 『서비스에 승부를 걸어라』, 21세기북스, 2006, p. 330.

10) 안미헌, 『고객의 영혼을 사로잡는 50가지 서비스 기법』, 거름, 2006, p. 155.

11) 안미헌, 『고객의 영혼을 사로잡는 50가지 서비스 기법』, 거름, 2006, p. 154.

12) 안미헌, 『고객의 영혼을 사로잡는 50가지 서비스 기법』, 거름, 2006, p. 153.

13) 폴 R. 팀 지음, 안명희 옮김, 『고객 서비스 전략』, 멘토르, 2006, p. 88.

14) 론 젬키 · 크리스틴 앤더스 지음, 구본성 옮김, 『서비스 달인의 비밀 노트 1』, 세종서적,
    2006, p. 137.

15) 론 젬키 · 크리스틴 앤더스 지음, 구본성 옮김, 『서비스 달인의 비밀 노트 1』, 세종서적,
    2006, p. 139.

16) 안미헌, 『고객의 영혼을 사로잡는 50가지 서비스 기법』, 거름, 2006, p. 144.

17) 조관일, 『서비스에 승부를 걸어라』, 21세기북스, 2006, p. 337.

18) 조관일, 『서비스에 승부를 걸어라』, 21세기북스, 2006, p. 335.

19) 안미헌, 『고객의 영혼을 사로잡는 50가지 서비스 기법』, 거름, 2006, pp. 145~146.

20) 페기 칼로 · 바슈다 데밍 지음, 안미헌 옮김, 『내 고객을 10배로 늘려주는 서비스 게임』, 한
    국경제신문, 2004, p. 51.

21) 조관일, 『서비스에 승부를 걸어라』, 21세기북스, 2006, p. 344.

22) 조관일, 『서비스에 승부를 걸어라』, 21세기북스, 2006, p. 335.

23) 폴 R. 팀 지음, 안명희 옮김, 『고객 서비스 전략』, 멘토르, 2006, p. 89.

24) 안미헌, 『고객의 영혼을 사로잡는 50가지 서비스 기법』, 거름, 2006, p. 132.

25) 조관일, 『서비스에 승부를 걸어라』, 21세기북스, 2006, p. 186.

26) 누가 8: 42~48.

27) 정혜전, 『회사의 운명을 결정하는 서비스 마케팅』, 미래지식, 2006, p. 149.

28) 김근종, 『좋은 서비스가 나를 바꾼다』, 중앙경제평론사, 2006, p. 134.

29) 론 젬키 · 크리스틴 앤더스 지음, 구본성 옮김, 『서비스 달인의 비밀 노트 1』, 세종서적,
    2006, pp. 42~44.

30) 조관일, 『서비스에 승부를 걸어라』, 21세기북스, 2006, p. 293.

31) 안미헌, 『고객의 영혼을 사로잡는 50가지 서비스 기법』, 거름, 2006, p. 178.

32) 조관일, 『서비스에 승부를 걸어라』, 21세기북스, 2006, p. 263.

33) 폴 R. 팀 지음, 안명희 옮김, 『고객 서비스 전략』, 멘토르, 2006, p. 145.

34) 마태 5: 38, 39.

35) 조관일, 『서비스에 승부를 걸어라』, 21세기북스, 2006, p. 180.

36) 다카하기 노리토시, 이윤혜 역 『이것이 진짜 서비스다』, 청림출판, 2006, p. 51.

37) 조관일, 『서비스에 승부를 걸어라』, 21세기북스, 2006, p. 318.

38) 마태 15: 25~28.

39) 조관일, 『서비스에 승부를 걸어라』, 21세기북스, 2006, p. 277.

40) 폴 R. 팀 지음, 안명희 옮김, 『고객 서비스 전략』, 멘토르, 2006, p. 42.

41) 론 젬키·크리스틴 앤더스 지음, 구본성 옮김, 『서비스 달인의 비밀 노트 1』, 세종서적,
    2006, p. 41.

42) 론 젬키·크리스틴 앤더스 지음, 구본성 옮김, 『서비스 달인의 비밀 노트 1』, 세종서적,
    2006, p. 125.

43) 마태 5: 37.

44) 마태 10: 14.

45) 다카하기 노리토시, 이윤혜 역 『이것이 진짜 서비스다』, 청림출판, 2006, p. 84.

46) 마태 18: 2, 3

4부

1) 김근종, 『좋은 서비스가 나를 바꾼다』, 중앙경제평론사, 2006, p. 237.

2) 김근종, 『좋은 서비스가 나를 바꾼다』, 중앙경제평론사, 2006, p. 201.

3) 조관일, 『서비스에 승부를 걸어라』, 21세기북스, 2006, p. 217.

4) 페기 칼로·바슈다 데밍 지음, 안미헌 옮김, 『내 고객을 10배로 늘려주는 서비스 게임』, 한국
    경제신문, 2004, p. 98.

5) 폴 R. 팀 지음, 안명희 옮김, 『고객 서비스 전략』, 멘토르, 2006, p. 102.

6) 김근종, 『좋은 서비스가 나를 바꾼다』, 중앙경제평론사, 2006, p. 36.

7) 요한 11: 32~35.

8) 다카하기 노리토시, 이윤혜 역 『이것이 진짜 서비스다』, 청림출판, 2006, p. 176.

9) 폴 R. 팀 지음, 안명희 옮김, 『고객 서비스 전략』, 멘토르, 2006, p. 99.

10) 하워드 슐츠·도리 존스, 홍순명 역, 『스타벅스 커피 한잔에 담긴 성공신화』, 김영사, 2005,
    p. 41.

11) 하워드 슐츠·도리 존스, 홍순명 역, 『스타벅스 커피 한잔에 담긴 성공신화』, 김영사, 2005,

　　p. 48.

12) 하워드 슐츠 · 도리 존스, 홍순명 역, 『스타벅스 커피 한잔에 담긴 성공신화』, 김영사, 2005, p. 277.

13) 하워드 슐츠 · 도리 존스, 홍순명 역, 『스타벅스 커피 한잔에 담긴 성공신화』, 김영사, 2005, p. 41.

14) 하워드 슐츠 · 도리 존스, 홍순명 역, 『스타벅스 커피 한잔에 담긴 성공신화』, 김영사, 2005, p. 280.

15) 다카하기 노리토시, 이윤혜 역 『이것이 진짜 서비스다』, 청림출판, 2006, p. 65.

16) 조관일, 『서비스에 승부를 걸어라』, 21세기북스, 2006, p. 133.

17) 코마츠다 마사루 지음, 최문용 옮김, 『친절을 전염시켜라』, 한스미디어, 2005, p. 150.

18) 코마츠다 마사루 지음, 최문용 옮김, 『친절을 전염시켜라』, 한스미디어, 2005, p. 224.

19) 칼 알브레히트 · 론 젬케 지음, 장정빈 옮김, 『서비스 아메리카』, 물푸레, 2003, p. 183.

20) 마태 28: 19, 20.

21) 코마츠다 마사루 지음, 최문용 옮김, 『친절을 전염시켜라』, 한스미디어, 2005, p. 109.

22) 서지오 지먼 외, 이승봉 옮김, 『마케팅 종말: 팔리지 않는 광고가 마케팅을 죽이고 있다』, 청림출판, 2003, pp. 119~120.

23) 조관일, 『서비스에 승부를 걸어라』, 21세기북스, 2006, p. 135.

24) 조관일, 『서비스에 승부를 걸어라』, 21세기 북스, 2006, pp. 44, 56, 59, 60.

25) 안미헌, 『고객의 영혼을 사로잡는 50가지 서비스 기법』, 거름, 2006, pp. 52, 53.

26) 안미헌, 『고객의 영혼을 사로잡는 50가지 서비스 기법』, 거름, 2006, p. 38.

27) 김근종, 『좋은 서비스가 나를 바꾼다』, 중앙경제평론사, 2006, p. 265.

28) 조관일, 『서비스에 승부를 걸어라』, 21세기북스, 2006, p. 24.

29) 조관일, 『서비스에 승부를 걸어라』, 21세기북스, 2006, p. 309.

30) 칼 알브레히트 · 론 젬케 지음, 장정빈 옮김, 『서비스 아메리카』, 물푸레, 2003, p. 94.

31) 정혜전, 『회사의 운명을 결정하는 서비스 마케팅』, 미래지식, 2006, p. 205.

32) 안미헌, 『고객의 영혼을 사로잡는 50가지 서비스 기법』, 거름, 2006, pp. 48, 49.

33) 정혜전, 『서비스 마케팅』, 미래지식, 2006, p. 222.

34) 칼 알브레히트 · 론 젬케 지음, 장정빈 옮김, 『서비스 아메리카』, 물푸레, 2003, p. 73.

35) 칼 알브레히트 · 론 젬케 지음, 장정빈 옮김, 『서비스 아메리카』, 물푸레, 2003, p. 116.

36) 코마츠다 마사루 지음, 최문용 옮김, 『친절을 전염시켜라』, 한스미디어, 2005, pp. 187, 188.

37) 칼 알브레히트 · 론 젬케 지음, 장정빈 옮김, 『서비스 아메리카』, 물푸레, 2003, p. 171.

38) 정혜전, 『회사의 운명을 결정하는 서비스 마케팅』, 미래지식, 2006, pp. 157, 208.

39) 폴 R. 팀 지음, 안명희 옮김, 『고객 서비스 전략』, 멘토르, 2006, p. 175.

40) 마태 26: 38~45.